英語聴解考

日本人英語学習者による語認知を中心として

榎本 暁

青山社

目　次

第1章 [1]

序　論

1. 本論の目的

　本論の目的は、日本人英語学習者による英語リスニングの諸相を記述し、英語の聞き取りの成否に関わる要因について論ずることにある。聞き取りを妨げる要因を探り、それに対して重点的な訓練を施すというアプローチが聴解力向上への効率の良い有効な手立てとなるのではないかと考え、関連要因を明らかにすべく調査を行ってきた。本論はその結果についてまとめたものである。

　日本人学習者による英語のリスニングの実相について調査するにあたり考慮したのが、(1) 言語コミュニケーションにおける基本的意味単位として「語」が果たす役割と、(2) 語の認知を中心とした「言語聴解過程」であった。これら2つの要因を中心にすえ、英語リスニング上の問題点の記述と、各問題の対する対応についての考察を行った。はじめに、これらの要因についてまとめを行う。

2. 語認知に焦点をあてることについて

　本節では、「語」および「語の認知」に焦点をあてる理由について述べる。「語」というのは、そこで「音（文字）」と「意味」が融合する言語単位として重要であ

---

1) 本稿では、ことわりのない限り「日本人」「日本語話者」は「日本語母語話者」を表し、「英語話者」は「英語母語話者」を表す。

る。我々は、入力音（相手の発話）を音声分析し、その音形・音連鎖を心内辞書（mental lexicon）に記載された「語（語形）」と照合し、関連の意味を想起する。例えば、文脈なしに単独で [kæ], [kæk] という音を聞いたとしても、これらの音形は心内辞書に記載されていないので何の意味も浮かんでこないが、[kæp], [kæt] と聞けば、それぞれ「帽子」「猫」を想起することとなる。このように、我々は、基本的に「語」を介して意味の伝達を行っていると考えられる。「語」は、「意味」を伝える基本単位として、コミュニケーションにおいて非常に重要な役割を果している（cf. Davis, 2000, p.10; Shockey, 2003, p.91）。

　文・発話の理解に目を向けると、文や発話というのは、通常いくつかの「語」から構成されるものである。発話理解に関しては、我々は過去に聞いた何千・何万という「文」をそれぞれすべて（丸ごと）暗記しているわけではない。また、これから新たに聞く発話（文）というのも、今までに聞いたものと全く同一というわけではなく、我々は発話内の「語」をそれぞれ認識して、それらの意味情報を統合し意味解釈を行っていると考えられる（Cutler & Otake, 1994, p. 825; Cutler & Shanley, 2010, p.1844）。このように考えると、発話内の各語を音連鎖から切り出し（lexical segmentation）、いかに正確に認識できるかが、発話理解の成否を決定する中心的要因となると考えられる。

　発話全体の意味解釈に目を向けると、発話内の各語の認知に関し、発話内の「どれだけの（何割の）語」を聞き取ることができなければならないかという、カバー率の問題も関係してくる。Bonk（2000）は、日本人英語学習者を対象として調査を行い、発話の十分な理解のためには最低でも発話内の 90% の語（内容語）を聞き取ることができなくてはならないと報告している。このほか、Nation（2006），Stæhr（2009）は、発話内容の十分な理解のためには発話内の 98% の語を知っている（既知である）必要があると指摘している。ある語を「知らない」ということは、「その意味がとれない」ということになるが、これは、「聞き取りができず、関係の語の意味がとれない」ということと類似の状況となる。「既知か否か」ということを「聞き取ることができたか否か」ということ

に置き換えて考えれば、リスニングにおいてパッセージ中の 98% の語を聞き取ることができる必要があるということになる。発話文内の語認知をいかに安定的に（いかに正確に、いかに数多く）行うことができるかが、リスニングの成否を決めるカギとなると考えられる。

3.　言語聴解過程について

リスニングにおける問題点を考えるにあたっては、いかに言語音が処理され意味の伝達が行われるかという、リスニングのプロセス（聴解過程）を考慮することも重要となる。この節ではリスニングのプロセスについてまとめる。

リスニングの過程には、言語的知識と非言語的知識の双方が関係するとされる。言語的知識には、音声・音韻・語彙・統語・意味・語用論的知識が含まれ、非言語的知識には、話題・話の流れ（談話的文脈）・世界に関する一般的知識が関係する(Buck, 2001)。リスニングは、音声を聞くとともに、これら情報が総合的に、そして瞬時に処理されていく、複雑かつ精巧な作業と言える。

これらの情報の処理過程を記述すべく提出された概念に、トップダウン処理 / ボトムアップ処理がある。トップダウン処理 / ボトムアップ処理の定義については、一般的にボトムアップ処理は、音（incoming speech signal / sensory input）そのものの分析を言い、トップダウン処理は、聴者の語彙・統語・意味・語用論的知識、および、非言語的な（社会・世界に関する）背景知識の援用を指すとされる（cf. Marslen-Wilson, 1987; Tyler & Frauenfelder, 1987）。音声言語の理解においては、この 2 つの処理過程が関係し、それらが相補的に働き合い、処理がなされてゆくと考えられている[2]。例えば、音声処理(= ボト

---

2) トップダウン処理 / ボトムアップ処理の定義については、種々論があり、例えば、Field (2008, p.132) は、これらが音声処理の方向性 (directions of processing) を示すとしている。ボトムアップ処理を、より小さな単位からより大きな単位へと分析処理していく過程と定義し、トップダウン処理を、より大きな単位からより小さな単位への分析処理とし、文脈情報などを用い不明な語の認知を促進するなど、より大きな単位が小さな単位の知覚を補助する過程と定義している。Field による定義で

ムアップ処理）に成功し、ある語が認知されれば、そこから（その語に関係する）意味・統語情報をはじめとする文脈情報(top-down information)が提供されることになる。これらの情報は次に来る語を予測したり、別の見方をすれば、次に来ることができる語の候補を限定することにつながると考えられる。英語を基準にしたトップダウン処理／ボトムアップ処理の概略を図1にまとめる[3]。

〔トップダウン処理〕

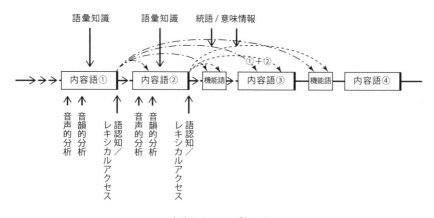

〔ボトムアップ処理〕

図1　トップダウン処理／ボトムアップ処理の概略図（榎本, 2016 を改変）

も大半の言語事実の説明は可能かと思われるが、この方向性のみを示した説明様式では、言語コミュニケーションにおいて「意味のやり取り」がはじめて発生する段階が「語の認知」にあるという事実を反映することができず、リスニングプロセスに有意義な説明・一般化を与えることができない。本書では、語認知について考えられたものである Tyler & Frauenfelder(1987)のモデルに従ったかたちで考察を行う。

3) 本書においては、言語そのものの知覚分析に焦点をあてて議論を行う。「実際」の会話場面では、「視覚情報」からある程度の文脈情報 (top-down information) が得られており、それが重要な役割を果たしているとの指摘が可能であるが、このことに関しては、この要因が「重要」であったとしても、「決定的」要因にはなり得ないことに注意すべきである。例えば、テレビ・映画を音声なしで見た場合に内容がどのくらい理解できるかということと同じで、「語認知（＝ことば）」なしでは、完全な発話理

　図1について説明を加えると、音声の処理（順）に関して、はじめに入力音声に関し音声的分析（phonetic decoding）がなされる。これは主に、音特徴（音実質）の分析を指す。例えば、各母音の音色の違いについては、これはもともと発音の際の舌の位置の違いなど、発声器官の構えの異なりに起因するものであるが、その違いが音響的に第1フォルマント、第2フォルマントの相対的な値の違いに現れるとされる（Catford, 1977, p.59）。聞き手側は、このようなフォルマント値の相違を分析・知覚していると考えられる。/p-b/、/t-d/、/k-g/、/s-z/ といった無声音・有声音の対立に関しても、音響的に声帯の振動（voicing）の有無の知覚が必要となる。また、英語の音節に関して言えば、ある音節が、強勢・アクセントを伴っているか否かに関係した、その長さ（duration）、音の大きさ（loudness）、音の高さの変化（pitch movement）に関わる音声分析も必要であり、それらの分析がこの段階で行われると考えられる。

　次に、上記の音響・音声学的分析の結果に対し、母語（個別言語）の音韻システム（音韻規則・制約）に準じた音韻的分析（phonological decoding）がなされる。例えば、音響分析の結果に対し、各言語の（英語であれば英語の）音素目録に準じた音素（文節音）の知覚が行われると考えられる。さらに、より上位の音韻レベルでは、各言語（母語）の音素配列規則（phonotactic rules）に基づく、音素よりもより大きな単位（音節（syllable）など）への分節（segmentation）が行われると考えられる[4]。また、口蓋化（palatalization）（例；*and you*：[d]+[j] → [dʒ]）に代表されるような音変化や、音の脱落に関係した音韻規則（音変化規

───────────

解に到達することができない。また、過去の出来事を物語っていたり、未来の予定を語っている状況など、目の前にある視覚情報と言語情報が必ずしも一致するとは限らない状況も存在する。このような状況においては、言語情報が伝達内容を決定している。これらの理由から、本書では視覚情報を省き、言語情報処理のみに焦点をあて議論を行う。

4) 第3章で詳述するが、言語の分節単位／基本的知覚単位（segmentation unit / basic perceptual unit）については、各言語においてそれが異なり、各言語のリズム単位（英語の場合は "metrical foot"、日本語の場合は「モーラ」）がそれに相当するという報告がある（Otake et al., 1993; Cutler & Otake, 1994; Kakehi et al., 1996）。

則）への対応もこの音韻分析のレベルで行われると考えられる。このような分析と同時進行的に、心内辞書内に音形が分析結果と一致する語があるかどうかの検索がなされていく。語彙検索（照合）作業には、各個人の語彙知識（top-down lexical knowledge）も関係すると考えられ、高頻度語、なじみのある語はより正確に、より速く検索されるとの報告がある（Grosjean, 1980; Lively et al., 1994）。検索の結果、分析された音形と、辞書記載語に一致が見られれば、ある語が認知されたことになり（word recognition）、同時にその語に関係する意味・統語情報が利用可能となり（lexical access, cf. Tyler & Frauenfelder, 1987, p.7）、派生された情報から次に来うる語の予測（候補の限定）が行われる（＝トップダウン処理）。先行文脈内で認知された語が多くなれば、文脈情報からの制約がより強くなり、候補となり得る語の数がより限定される（図中の内容語③（＝①＋②）の状態）。このような文脈効果により、関係の語（例えば③の語）が、より迅速に、より少ない音声情報で認知されるようになることが Tyler & Marslen-Wilson（1977）, Grosjean（1980）, Marslen-Wilson & Tyler（1980）, Tyler & Wessels（1983）, Salasoo & Pisoni（1985）などに報告されている [5]。

　本論においては、このようなモデルをもとに、日本人学習者の英語聴解上の問題点について考察してゆく。

5）（大半はそうであると考えられるが）音声情報が、すべて厳密に提示された順で処理されるとは限らない。先行文脈において間違って認知されたり、不明であった語が、後続文脈の処理が行われる中で遅れて認知されるケースも存在する（cf. Grosjean, 1985; Bard et al., 1988）。また、図には示されていないが、処理した音声内容を記憶しておくというメモリーの関係にも注意を向けなければならない。例えば、"badminton" という入力音声を処理していて、語頭で聞いた音（音節）を記憶できていなければ（すなわち "（　）（　）ton" といった状態では）ターゲット語の認知が困難になってしまう。メモリーに関しては、逆の指摘も可能で、記憶する対象が存在することが前提となることが指摘できる。すなわち、音声知覚処理に成功し、記憶すべき音・語が存在していなければ、メモリー（記憶能力）が備わっていようとも、役に立たないこととなる。

4.　本書の構成

　本論は、7 つの章から構成される。第 1 章においては、これまで述べてき
たように、本研究の目的、課題に対するアプローチ法について示している。
第 2 章から第 4 章は、ボトムアップ処理に関係する部分を扱っており、音声・
音韻処理的な部分を扱う。第 2 章では、英語音素の知覚について、第 3 章で
は、英語音節の知覚処理について取り上げ、日本語と英語の音韻構造の違いが、
日本人英語学習者による英語リスニング（特に語の聞き取り）にどのような問
題を引き起こすのかについて考察する。第 4 章では、英語において頻繁に発
生する音変化(sound reduction)の現象が日本人学習者による語の認知にどのよ
うな影響を与えているかについて考察する。特に、どの音変化現象が最も語
認知に影響を与えるのかという問題を扱う。また、この章では、トップダウ
ン的要素である語彙知識（ターゲット語に対するなじみ度(lexical familiarity)）
と語認知との関係についても考察を行う。第 5 章では、トップダウン処理に
ついて扱い、日本人英語学習者の英語における文脈情報の活用能力について
考察する。第 6 章においては、それまでの章において記述された英語聴解上
の問題点に対する対応について考え、考察に基づき実践したリスニング授業
について、その内容と結果の報告を行う。最後に第 7 章において本論のまと
めを行う。

第2章

英語音素(文節音)の知覚 [1]

1. 母語音韻の獲得と外国語音声知覚における母語干渉の問題について

Strange (1995) は、母語 (個別言語) 音声習得の過程を、どの言語音も知覚できる"language-universal perceivers"から個別言語における言語音の知覚に特化した"language-specific perceivers"への変化として表現するが、日本語話者に関して言えば、日本語専用の知覚方略の発達、およびその干渉により、異なる音韻システムを持つ言語である英語の音声処理に問題を抱えることになる。後の章で報告するが、英語音声知覚上の問題点は各音韻レベルにおいて確認される。この章では、語認知への影響を考慮に入れながら、音素レベルにおける問題点について考察する。

2. 英語子音の知覚について

日本語と英語では、音素の数に大きな違いがあり、日本人英語学習者が日本語にない音素や音素対立に対し知覚上の問題を有することはよく知られるところである。英語子音の知覚に関して言えば、日本語話者が日本語の音素目録にない英語子音 (/l/, /r/, /θ/, /v/, /w/) の知覚に問題を持つことが、多くの調査において報告されてきている (Goto, 1971; Miyawaki et al., 1975; Mochizuki,

---

1) 本章は、榎本(2002)に加筆したものとなる。

1981; Underbakke et al., 1988; Best & Strange, 1992; Takagi, 1993; Tsushima et al., 1994; Yamada & Tohkura, 1990, 1992; Brown, 2000; Guion et al., 2000)。例えば、Brown（2000）は、留学経験のない日本人に対し英語子音 /l-r/, /s-θ/, /f-v/, /p-f/, /p-t/ の対立の弁別（discrimination）テストを行い、日本語話者の /l-r/ の対立を弁別できる率が 65%、/s-θ/ の対立を弁別できる率が 80% 程度であり、英語母語話者と比べ、その弁別能力に統計的有意差があったと報告している。また、Brown は、別の調査により、日本人初級英語学習者が、日本語にない音素である /v/ の知覚に問題を持ち、/b-v/ の対立の聞き分けが困難となることも報告している。これら Brown（2000）が指摘する、日本語話者による英語の /l-r/, /s-θ/, /b-v/ 対立の知覚に関する問題は、Guion et al.（2000）においても報告されている。Guion et al. は、英語の /r-w/ のペアについても調査を行い、英語学習経験の少ない日本語話者と英語母語話者との間に弁別能力に有意差があったことを報告する（日本語にも /w/ 音は存在するが、日本語と英語の /w/ には、調音上の違いがある。日本語の /w/ は、唇の円唇化が見られず、音声学的には非円唇軟口蓋接近音 (an unrounded velar approximant) の [ɰ] として記述される。）

　このほか、Yamada & Tohkura（1990, 1992）, Takagi（1993）は、日本語話者の /l-r/ の聞き分けに関し、音響学的側面を調査し、日本語話者が英語の /l-r/ の聞き取りをしようとする際に、F2 と F3 中に存在するフォルマント情報（手がかり）を活用できないことを報告している。

　言語発達の分野の研究においては、このような知覚能力の低下が、生後 9 か月後くらいから発生すると報告されている。Kuhl et al. (2006) は、日本語環境で成長する子供に関し、生後 6 - 8 か月では、英語の /r/ と /l/ を区別できるが、10 - 12 か月頃には、この能力が低下することを報告している（同様な報告に、Tsushima et al.（1994）がある）。これは、この頃より母語への特化、すなわち母語専用の知覚方略の発達が始まることを示唆している（cf. Jusczyk,

1997; Werker & Curtin, 2005; Kuhl et al., 2008）[2]。

3.　英語母音の知覚について

　この節では、日本人英語学習者による英語母音の知覚について考察する。日本語の母音体系には、/i/, /e/, /a/, /o/, /u/ の 5 つの母音しか存在しないが、英語はより複雑な母音体系を有し、約 20 の母音が存在するとされる（Roach, 2001, p.48）。日本語の方がよりシンプルな母音体系を有しており、子音の知覚同様、日本人学習者が英語母音の知覚に問題を持つことが予想される。ここでは、12 のアメリカ英語母音 : [iː], [ɪ], [eɪ], [ɛ], [æ], [ɑ], [ʌ], [aɪ], [ɔː], [oʊ], [ʊ], [uː] を対象とし、日本人学習者の英語母音の知覚能力について考察する。

3.1　リサーチデザイン

　調査方法については、山田他（1998, p.189）を参考にし、多肢選択型同定テスト（multiple choice identification test）を用いた。これは、下記 (1) のように、はじめに *had, head, hid* といった母音部分のみ異なるミニマルセットを選択肢として（視覚）提示しておき、次に、これらの語を、ランダムに 1 つずつ音声提示し、調査参加者に同定を求めるという調査となる。本調査では、刺激語を "Please say （　　　）again." というキャリアセンテンスとともに提示し、刺激語が提示される度に、聞き取った語を解答欄（下記 1 ～ 12 における括弧内を指す）に書き出すよう求めた。各問題の間には、解答時間として約 6 秒間のポーズをおいた。（調査参加者に配布した調査票を、巻末の付録 A に提示する。）

---

2) 3.6 節で後述するが、（外国語における）母語にない音素に対する知覚能力は完全に消失してしまうものではなく、適切なフィードバックを伴った訓練により知覚能力が再び向上することが報告されている（Strange, 1995, p.28; 山田他, 1998）。

（1）**[TEST]**

[heed, hid, hayed, head, had, hod, hud, hide, hawed, hoed, hood, who'd]

[i:]　　[ɪ]　　[eɪ]　　　[ɛ]　　[æ]　[ɑ]　[ʌ]　[aɪ]　[ɔ:]　　[oʊ]　　[ʊ]　　[u:]

1. Please say (　　　　) again.　　　　　　7. Please say (　　　　) again.

2. Please say (　　　　) again.　　　　　　8. Please say (　　　　) again.

3. Please say (　　　　) again.　　　　　　9. Please say (　　　　) again.

4. Please say (　　　　) again.　　　　　　10. Please say (　　　　) again.

5. Please say (　　　　) again.　　　　　　11. Please say (　　　　) again.

6. Please say (　　　　) again.　　　　　　12. Please say (　　　　) again.

　　山田他では、母音そのものにより焦点を当てることができるよう、子音－母音、母音－子音間の舌の同時調音（consonant-to-vowel and vowel-to-consonant tongue coarticulation）の度合いが最も少ない /hVd/（V は母音を表す）のパターンを用いているが、ここでは、同時調音の度合いの多いパターンも含め、/hVd/, /bVd/, /bVt/, /kVt/, /tVk/ の 5 つの音環境を用い調査を行った。/hVd/ は、/h/ の調音の際に舌も唇も使われないという点で同時調音の度合いの最も少ないものとなる。/bVd/, /bVt/ は、/b/ の調音の際に唇は使用されているが、舌は用いられないという点で、より同時調音の度合いの少ないものとなる（/bVt/ においては、/bVd/ に比べ母音の長さがより短くなる）。/kVt/, /tVk/ の環境は、母音を発音している最中に、舌が（/k/ の調音のための）後舌部の使用から（/t/ の調音のための）前舌部の使用へと移行するという点で（/tVk/ はその逆となる）同時調音の度合いの最も大きなものとなる。/hVd/ の環境以外の 4 つの事例は、同時調音の度合いの大きなものを含むことになり、母音そのものの知覚調査としては理想的な環境ではなくなるが、実際の英語運用場面を考慮し、これらのパターンも用いた。また、/o/ の長母音に関しては、Ladefoged (2001, p.27) にならって、[ɔ:] を用いた（山田他では [ɑ:] が使われている（cf. 竹林・斎藤, 2008, p.35）。

　調査においては、ターゲット語に対するなじみ度 (lexical familiarity) の確認も行った。これは、実際にある語をターゲットとして用いたためである。実際にある語（実語）を用いて知覚テストを行うと、調査参加者の刺激語に対する知識がテスト結果に影響することが知られている。例えば、*look - rook* などの語を刺激語として /l-r/ の音素の同定実験を行うと、答えが /r/ (*rook*) であっても、調査参加者はよりなじみ度の高い *look* を答えとして選ぶ傾向があるという (Flege et al., 1996; Yamada et al., 1997)。このような報告をふまえ、調査結果に語彙知識が影響したかを確認するためになじみ度の調査を行い、テスト後に各母音の知覚率とターゲット語に対するなじみの度の相関について確認を行った。調査参加者には、プリント上で各語と、その語に含まれる母音を（音声提示は行わず、発音記号で）確認してもらうとともに、それらに対するなじみ度を 0－5 のスケール (0＝その語を知らない（はじめて見た）、5＝大変なじみがある) を用い報告してもらった (3.4 節および付録 A 参照)。なじみ度については、音声としてのなじみ度ではなく、知識として、4 技能を含む総合的な観点から報告してもらった。

3.2　刺激語について

　用いられた音韻環境、および対応する刺激語は、下記表 1 の通りとなる。刺激語中に、*b[u]d, b[u]t, k[i:]t* といった無意味語が含まれているが、これは該当する単語(実語)がなかったためである。

　刺激語は、キャリアセンテンスに埋め込まれ、アメリカ英語話者（女性・音声学者)によって読み上げられ、DAT レコーダーに録音された [3]。録音物は、22kHz サンプリングレートでデジタル化され、ランダム化およびポーズの挿入ため Cool Edit '96 というソフトウェアを用い編集された。編集された録音物は、カセットテープに再度録音されテストに用いられた。

---

3) 各個人において音声の性質に異なりがあること(talker variability)を考えると、刺激語作成に複数の話者を用いるべきであった。

表1　調査で用いられた母音と音韻環境、各刺激語について

	[hVd]	[bVd]	[bVt]	[kVt]	[tVk]
[iː]	heed	bead	beat	k[iː]t	teak
[ɪ]	hid	bid	bit	kit	tick
[eɪ]	hayed	bayed	bait	Kate	take
[ɛ]	head	bed	bet	k[ɛ]t	tech
[æ]	had	bad	bat	cat	tack
[ɑ]	hod	bod	bot	cot	t[ɑ]k
[ʌ]	hud	bud	but	cut	tuck
[aɪ]	hide	bide	bite	kite	tyke
[ɔː]	hawed	bawd	bought	caught	talk
[ou]	hoed	bode	boat	coat	toque
[ʊ]	hood	b[ʊ]d	b[ʊ]t	k[ʊ]t	took
[uː]	who'd	booed	boot	coot	t[uː]k

3.3　調査参加者

　調査には、日本の公立大学英文科所属の日本人学生 (3 – 4 年生) 17 名、お
よびイギリスの大学に約 1 年間留学している日本人学生 11 名が参加した [4]。
母音知覚能力の発達を確認するために、これら 2 つのグループを調査対象
とした。また、刺激音の妥当性の確認のために、アメリカ英語話者 1 名に
も参加してもらった、この方は、[ɔː] を [ɑː] で発音する方言の出身者だった
ので、t[ɑ]k (無意味語) を talk とするなど、[ɔː] - [ɑː] の対立に関し若干の混
乱があったが、正答率は約 97% であり、全般的に問題はないと判断した (cf.
竹林・斎藤, 2008, p.35)。

---

[4] ここで、刺激語の発話者はアメリカ英語話者であり、調査参加者はイギリス英語に
　触れた者であるという違いがあるが、この調査に用いられた母音に関する方言間の
　差異は、イギリス英語 [ɔ] に対するアメリカ英語 [ɑ]、イギリス英語 [əu] に対する
　アメリカ英語 [ou] の 2 つに限られる。

3.4　調査手順

　調査手順は以下の通りである。はじめに、以下（2）に示すように、調査参加者に各母音および対応する発音記号の「確認」を行ってもらった。ターゲットとなる母音と、それを含むなじみがあると思われる単語を視覚提示するとともに、各母音をカセットプレーヤーにより順に提示した。母音は、それぞれ連続して 2 回提示された。

（2）**Instruction**　i:,　ɪ,　eɪ,　ɛ,　æ,　ɑ,　ʌ,　aɪ,　ɔ:,　ou,　ʊ,　u:

[heat,　hit,　hate,　pet,　hat,　hot,　cut,　height,　taught,　hope,　put,　move]

　　[i:]　　[ɪ]　　[eɪ]　　[ɛ]　　[æ]　　[ɑ]　　[ʌ]　　[aɪ]　　[ɔ:]　　[ou]　　[ʊ]　　[u:]

　この後、調査実施者から調査（テスト）の内容・手順について説明を行った。調査参加者には、前の問題にさかのぼって解答を変更することのないようにとの指示も行った。説明の後、練習問題 2 問に取り組み、その後、目的の 5 つのセッションからなる調査を実施した。各セッションにおいては、テストを実施する前に、調査参加者に各ターゲット語の対する「なじみ度」の報告を行ってもらった（下記（3）参照）。この作業に約 1 分間があてられた。この作業は、調査参加者にターゲット母音とそれを含むターゲット語についての確認の機会を与えることにもなった。調査は教室において一斉に実施された。音声は教室のどの場所においても明瞭であった。

（3）**[Familiarity Check]**　　0–5 scale:　0 = unknown,　5 = very familiar

[bead,　bid,　bayed,　bed,　bad,　bod,　bud,　bide,　bawd,　bode,　b[ʊ]d,　booed]

　　[i:]　　[ɪ]　　[eɪ]　　[ɛ]　　[æ]　　[ɑ]　　[ʌ]　　[aɪ]　　[ɔ:]　　[ou]　　[ʊ]　　[u:]

　　(　)　(　)　(　)　　(　)　(　)　(　)　(　)　(　)　(　)　　(　)　　(　)　　(　)

3.5 調査結果

3.5.1 日本にいる学生に関する調査結果

調査結果を以下の6つの図に示す。はじめの図（Summary）は、5つのセッションにおける結果をまとめ、平均化して表したものである。またその後に、/hVd/, /bVd/, /bVt/, /kVt/, /tVk/ のそれぞれの環境における調査結果を示している。X軸は、なじみ度の度合いを、Y軸は、正解率の平均値を示している。統計的には、なじみ度と被験者のパフォーマンスとの間に相関は確認されなかった（Pearson Correlation test: $p = 0.659$ for [Summary（全体平均）], $p = 0.656$ for [hVd], $p = 0.180$ for [bVd], $p = 0.682$ for [bVt], $p = 0.137$ for [kVt], $p = 0.633$ for [tVk]）。

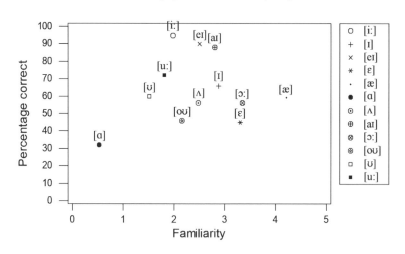

図2　日本にいる学生による母音知覚テストの結果について

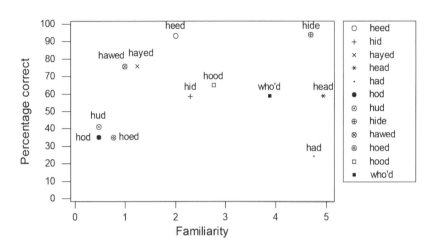

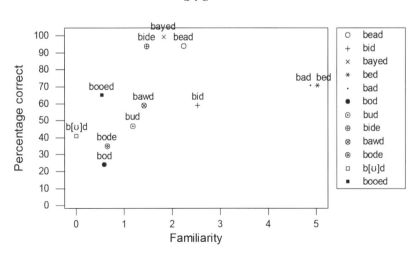

図 2　日本にいる学生による母音知覚テストの結果について

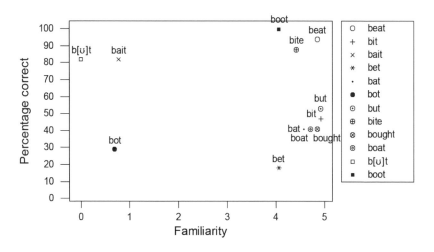

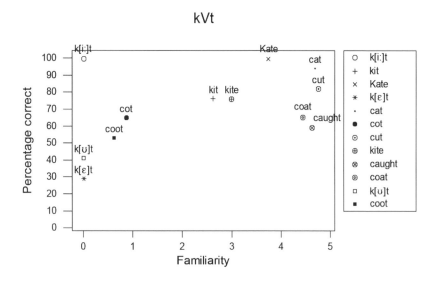

図 2　日本にいる学生による母音知覚テストの結果について

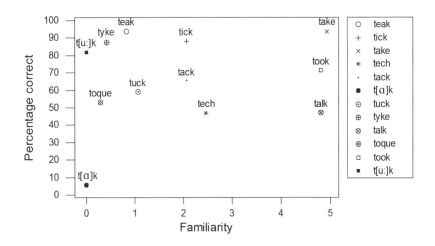

図 2　日本にいる学生による母音知覚テストの結果について

　音環境によって各母音の知覚率が異なることがあることも確認されるが、結果として（特に、平均値を示したものである、最初に挙げた図（Summary）より）[iː], [eɪ], [aɪ] といった長母音、二重母音が最も知覚しやすいものであることがわかる。また、[ɪ], [ɛ], [ʊ] に対する知覚率の低いこと、そして、日本語にない [æ], [ɑ], [ʌ] の母音に対する知覚（識別）能力の低いことがわかる。また、[ɔː], [oʊ] に対する識別能力の低いことも観察される。

　次に、下記 (21 頁) 表 2 に本調査におけるエラーパターンを示す。この表は、誤答率 18% 以上の事例（調査参加者 17 名中 3 名以上が間違った語（母音）を報告したケース）から構成されている。左端に刺激語（提示語）が示されており、その右側に調査参加者の解答内容と、その判断率が示されている。各表より、エラー（聞き間違い）が、/hVd/, /bVd/ などの音環境の違いを超えてある程度共通に観察されることがわかる。（例えば、hawed-hoed 間にはエラーが起きて

いないものの、*boat-bought, coat-caught, bawd-bode* 間においてエラーが起き
ていることが観察される。) 全般的に、聞き間違いが、[æ]-[ɑ]-[ʌ] の組、[ɪ]-[ɛ]、
[ɛ]-[æ]、[ʊ]-[uː] のペア、[ɔː]-[oʊ] のペア間において発生する傾向があることが
わかる。

　[æ]-[ɑ]-[ʌ] の母音の知覚の難しさは、日本語においてこれら母音に対応す
る（調音点の近い）母音が /a/ の母音 1 つしかないということに起因すると考え
られる。また、[ɪ], [ɛ], [ʊ] に関しては、これらの母音と対応する日本語母音と
の間に、調音上の差異があることが指摘されている。日本語の短母音の /i/ は、
前舌母音であり、唇が横に引っ張られ、緊張を伴って発音されるが、英語の
[ɪ] は、弛緩母音で、日本語の /i/ よりも、舌の位置がかなり低く後ろ寄りであ
り、英語の [ɛ] により調音点が近い（竹林・斎藤, 2008, p.21）。また、日本語の
/u/ は、円唇化を伴わない（Vance, 1987, p.10; Shibatani, 1990, p.161, 竹林・斎
藤, 2008, p.22）。日本語の /e/ は、米語の [ɛ] よりも調音時の舌の位置が高い
（Vance, 1987, p.10; Ladefoged, 1993, p.224）。これらの調音上の差異、および
それに伴われる音響上の差異が、これらの英語母音の知覚の難しさにつながっ
ている可能性がある。このほか、知覚率の低かった [ɔː]-[oʊ] のペアに関しても、
対応する日本語母音との間に調音上の差異が存在することが推定される [5]。

---

5) 英語における [ɔː]-[oʊ] のペアに対する知覚（識別）の難しさを、日本語二重母音の
　 /ou/ に適用される母音融合（vowel fusion）に起因していると考えることがあるかも
　 しれない。日本語の日常会話（casual speech）においては、通常、二重母音の /ou/
　 は、長母音の /oo/ となって発音されるため（Vance, 1987, pp.48-55; Shibatani, 1990,
　 p.161）、日本人が（日本語を聞いている際に）/ou/ という母音を耳にする機会が少な
　 く、この母音に対する知覚力（sensitivity）が低くなっていると考えることができる
　 ように思われる。しかしながら、この説明法では、表 2 の事例にみられるような
　 bought が *boat* として、*caught* が *coat* として、また *talk* が *toque* として間違って
　 知覚（解答）されているという点、すなわち長母音が二重母音として誤って報告され
　 ている点に対して説明を与えることができない。英語における [ɔː]-[oʊ] のペアと日
　 本語における類似の音との間に何がしかの音響的差異が存在し、それが日本語話者
　 による英語の [ɔː]-[oʊ] ペアの知覚に影響しているのではないかと考える。

表 2　母音知覚テストにおけるエラーパターンについて

提示語	調査参加者が報告した語とその判断率								
	hid	head	had	hod	hud	hawed	hoed	hood	who'd
hid	hid (59%)	head (29%)							
head		head (59%)	had (18%)						
had			had (24%)	hod (18%)	hud (18%)				
hod			had (24%)	hod (35%)	hud (24%)				
hud			had (24%)	hod (18%)	hud (41%)				
hawed						hawed(76%)			
hoed							hoed (35%)		who'd (41%)
hood				hod (18%)				hood (65%)	
who'd								hood (29%)	who'd(59%)

提示語	調査参加者が報告した語とその判断率								
	bid	bed	bad	bod	bud	bawd	bode	b[ʊ]d	booed
bid	bid (59%)	bed (18%)							
bed		bed (71%)	bad (24%)						
bad			bad (71%)		bud (18%)				
bod				bod (24%)	bud (24%)	bawd (47%)			
bud			bad (18%)	bod (18%)	bud (47%)				
bawd						bawd (59%)	bode (29%)		
bode						bawd (29%)	bode (35%)		
b[ʊ]d								b[ʊ]d (41%)	booed(41%)
booed								b[ʊ]d (35%)	booed(65%)

提示語	調査参加者が報告した語とその判断率								
	bit	bet	bat	bot	but	bought	boat	b[ʊ]t	boot
bit	bit (47%)	bet (47%)							
bet		bet (18%)	bat (59%)						
bat			bat (41%)		but (53%)				
bot				bot (29%)		bought (35%)			
but				bot (29%)	but (53%)				
bought						bought (41%)	boat (35%)		
boat						bought (18%)	boat (41%)		
b[ʊ]t								b[ʊ]t (82%)	
boot									boot (100%)

提示語	調査参加者が報告した語とその判断率								
	kit	k[ɛ]t	cat	cot	cut	caught	coat	k[ʊ]t	coot
kit	kit (76%)								
k[ɛ]t		k[ɛ]t (29%)	cat (53%)						
cat			cat (94%)						
cot				cot (65%)		caught (18%)			
cut					cut (82%)				
caught						caught (59%)	coat (41%)		
coat							coat (65%)		coot (18%)
k[ʊ]t								k[ʊ]t (42%)	coot (53%)
coot								k[ʊ]t (47%)	coot (53%)

提示語	調査参加者が報告した語とその判断率								
	tick	teck	tack	t[ɑ]k	tuck	talk	toque	took	t[u:]k
tick	tick (88%)								
tech		tech (47%)	tack (24%)		tuck (24%)				
tack			tack (65%)	t[ɑ]k (24%)					
t[ɑ]k				t[ɑ]k (6%)		talk (76%)			
tuck				t[ɑ]k (29%)	tuck (59%)				
talk						talk (47%)	toque (53%)		
toque				t[ɑ]k (18%)			toque (53%)		
took								took (71%)	
t[u:]k								took (18%)	t[u:]k (82%)

参加者の数 = 17人

18% = 3人、24% = 4人、29% = 5人、35% = 6人、41% = 7人

上記2つの分析から、日本人英語学習者が、[æ]-[ɑ]-[ʌ] の組や、短母音 [ɪ],
[ε], [ʊ]、また [ɔ:]-[oʊ] のペアの知覚に問題を持つ（関係の母音の知覚率が低
い）ことが確認できる。実際のパッセージの聞き取りにおいては、これらの音
素が *bad-bod-bud* のようなミニマルセットや、*bought-boat* のようなミニマル
ペア、もしくは、それに近いもの（near minimal pair）を形成している場合に、
関係する語の聞き間違いが発生する可能性がある[6]。

　また、英語では、音変化・脱落現象が頻繁に発生するが（Shockey, 2003）、
音変化により、ここで問題となったようなミニマルペアが作り出されること
があることにも注意したい。以下は、日本の大学の英文科に在籍する日本人
学生(3・4年生)に対し実施した単語の聞き取り調査(27名対象)の結果である
が、この調査において、次のような聞き間違いが報告された(榎本, 2000)。

(4)

Rule 9: Deletion of word-final /d/

　　It was for (ol<u>d</u>) people.　　Error: ol(d) → all （12/27 名）

Rule 10: Double application of sound change rules　(/d/-deletion + /n/-assimilation)

　　It was a (ha<u>nd</u>bag).　　Error: han(d)bag → hamburg （22/27 名）

　最初の事例では、*old* の語末の /d/ 音が脱落し、[oʊld] が [oʊl] として発
音され、*all* ([ɔ:l]) とミニマルペアを形成している。調査参加者の多くが、
[oʊ]-[ɔ:] の母音の知覚(弁別)に失敗し、*all* を報告している。2番目の事例では、

---

6) 現実には、これらの語は文脈中で使われるので、文脈情報を活用することにより、
　誤った語の聞き取りを避けることができると考えることも可能であるが、日本人英
　語学習者の文脈情報の活用能力は、それほど高いものとは言えない(第5章3.5.2 節
　などを参照)。また、パッセージの理解とは異なった側面となるが、これらの知覚
　の難しい音の存在は、（会話場面における）新語の獲得に大きな影響を与えると考え
　られる。音を正確に知覚できないということは、新しく獲得しようとしている語の
　音形を正確に把握できないということにつながる。

handbag の [d] がはじめに脱落し、その後、[n] が後続の音 [b] に同化し [m] となり、[hæmbæg] という音形で発音されている。調査参加者の多くが、[æ]-[əː] の知覚に失敗して、ターゲット語と異なる語 *hamburg* ([hæmbəːg]) を報告している(英語母語話者(1 名)においては、このような聞き間違いは生じなかった)。母音知覚の失敗が、間違った語の報告につながっていることが指摘できる。学習者がミニマルペアに出くわす可能性というのは、音変化現象の存在により、実際には辞書記載の語から推定される値よりも高いものであり、日本語にない音素や音素対立に対する対応(知覚訓練)の必要性が示唆される。

3.5.2　留学経験のある学生と留学経験のない学生における 聞き取り能力の違い

　本調査では、留学経験がなく日本の大学で英語を専攻している日本人学生と、イギリスの大学に約 1 年間留学中の日本人学生の 2 つのグループに調査を実施しているが、この項において、その調査結果について報告する。次にあげる図 3 は、双方の参加者に関する調査の結果をまとめたものである。5 つの音環境における各母音の知覚率の平均値をとり、双方のグループにおける母音知覚率について比較を行っている。結果における特徴として、はじめに、2 つのグラフが非常に似たパターンを示していることがあげられる。これは各母音の相対的難易度を示していると思われる。知覚の難しい母音というのは上級者にとっても難しいものとして残ると言うことができる。次に、1 年間の留学を経て、各母音に対する知覚能力は全体的に向上しているが、その向上率は 64% → 74% と平均 10% の伸びにとどまっており、それほど高いものではないことが確認できる。自然な外国語学習環境において、母語干渉を克服し母語話者と同等の知覚能力を持つということは、時間を要し、容易ではないことが示唆される [7]。

---

[7] 同じテストを英語を母語とするイギリス人 3 人に受けてもらったところ、スコア (母音知覚率) は平均 90% であった。これらの調査協力者は、彼らの母方言 (native/

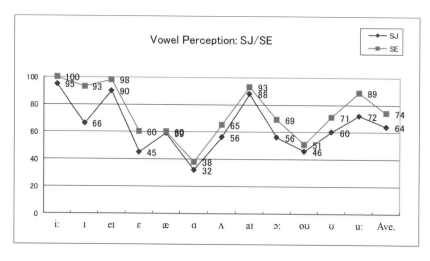

図3　日本の大学で英語を専攻している日本人学生（SJ）とイギリスに留学中の
　　　日本人学生（SE）による母音知覚テストの結果について

4. まとめと考察

　本章では、日本人英語学習者による英語音素の知覚について考察した。第
1 節において、子音知覚に関する先行研究のまとめを行い、第 2 節において、
日本人学習者によるアメリカ英語母音の知覚に関する調査結果について報告
した。本論では、多肢選択型同定テストを採用し、実際の英語運用を考慮し、
/hVd/, /bVd/, /bVt/, /kVt/, /tVk/ の 5 つの音環境を用い、調査を行った。結果
として、日本人学習者にとって、短母音 [æ], [ɑ], [ʌ], [ɪ], [ɛ], [ʊ]、そして [ɔː]-
[oʊ] のペアの知覚が難しいものであることがわかった。これらの母音が関係
し、調音点が近い他の母音を含む語とミニマルペア、またはミニマルセット
を構成している場合に、日本人学習者は適切な語を認知することができなく

---

regional accent) を反映していくつかの聞き間違いを起こした。例えば、カンブリア
地方の出身者は、[ʌ] を何度か聞き間違えた（この地方では、[ʌ] に代わって [ʊ] が用
いられる（Hughes & Trudgill, 1987, p.28））。音素知覚の問題は、能力の問題という
よりも、生後どのような言語（方言）に触れてきたかということの反映に過ぎないと
言える(cf. Miller & Grosjean, 1997)。

なる可能性がある。

　また本論では、日本の公立大学英文科所属の日本人学生と、イギリスの大学に約 1 年間留学している日本人学生の 2 つのグループに母音知覚テストを実施し、英語熟達度と英語母音知覚能力の発達の関係についての考察も行った。結果として、各母音に対する知覚能力が全体的に向上していることが確認された。一方で、向上率は 64% → 74% と平均 10% であり、それほど高いものではないことも確認された。1 年間英語圏で生活しても母語話者並みの知覚能力が獲得されるわけではなく、自然な英語学習環境で英語母音の知覚能力を母語話者並みにまで高めるということは容易なことではないということが明らかとなった。

　自然な言語学習環境において外国語音素の知覚力を向上することが難しいなか、注 6 で言及したが、この問題に関しては、コンピューターを用いた訓練法が近年成果を上げている。（母音の知覚とは異なるが）山田他（1998）は、コンピューターを用いた 1 か月間の集中訓練で、/l-r/ の識別能力を 70% 以下であったものから 90% にまで向上することが可能であり、得られた知覚能力が持続するものであることを報告している。山田他では、学習効果の般化（generalization）につなげるべく、刺激作成に複数の話者を用いるべきことと、多様な音韻環境を使用することの必要性が指摘され、また、訓練内容に関して、学習者にすぐにフィードバック（聞き取り内容が正しかったかどうかの報告）が与えられるべきであることと、正しく聞き取りができるまで、何度も同じ課題に取り組まなければならないという枠組み（「矯正法」）を採り入れることが重要であると報告されている。また、Thomson（2012）は、（山田他と類似のアプローチとなるが）複数の話者、様々な音声環境（multiple phonetic context）を用いた、High Variability Phonetic Training と呼ばれる訓練法により、母音知覚能力の向上を確認したと報告している。これらの訓練法では、本章で示したような自然な学習環境では実現困難なことが短期間で実現されており、非常に有効な学習法と言うことができる。

第3章
英語音節の知覚について [1]

1. はじめに

　この章においては、音節末尾子音（coda consonant）の知覚に焦点を当てながら、日本語話者による英語音節の知覚について考察する。

　日本語と英語では、音節構造に違いがある。日本語は開音節言語であり、基本的に CV（C = 子音、V = 母音）からなる単純な音節構造を持つ。子音結合（consonant cluster）は許容されず、音節末位置に生起することができる音は、「撥音」と呼ばれる鼻音（例：「ぱ<u>ん</u>」[paɴ] における [n] 音）か、「促音」と呼ばれる二重子音の前半部（例：「は<u>っ</u>か」[hak#ka]、「ゆ<u>っ</u>くり」[jɯk#kɯ#ri] における第 1 音節の [k] 音（ここで # は音節境界を示す））に限られる（Shibatani, 1990）。一方、英語は *strength*（CCCVCCC）のように、子音結合や音節末位置（コーダ部）に子音の生起を許容する複雑な音節構造を持っている（Dauer, 1983）[2]。日本語話者は、英語を聞き取る際に、より複雑な構造を持つ音節を処理しなければならないわけであり、負の母語転移により、その処理に何らかの問題を持つことが予測される。

英語の音節内情報の処理に影響すると考えられるもう一つの要因に、（後段 2.1 節にて詳述する）日本語話者が用いるとされる「モーラに基づく分節法（mora-based segmentational strategy）」がある（Otake et al., 1993; Cutler & Otake, 1994; Otake et al., 1996）[3]。この日本語専用の知覚方略は、いくつかの英語音節パターンに対応することができない。例えば、日本語のモーラは、CV、CCV（2 番目の子音は /j/ に限定される）、V、音節末尾の鼻音（撥音）、二重子音の前半部（促音）、長母音・二重母音の後半部から構成されるが、モーラに基づく分節法では、英語における子音結合や、音節末に生起する子音の大半に対応することができない。

　本章では、これら 2 つの要因を考慮に入れながら、コーダ子音の知覚に焦点を当て、日本語話者による英語音節の知覚処理と、その語認知への影響について考察する。

2．先行研究

2.1　日本語話者によるモーラ単位に基づく分節法について

　前節において言及したように、Otake et al. (1993)，Cutler & Otake (1994)，Otake et al. (1996) は、日本語話者が日本語のリズム単位であるモーラに基づき、日本語を分節していると報告している。1980 年代以降、一連の研究により、各言語のリズムが、当該言語の音声分節の単位（segmentation unit）を決めることが報告されてきた（Mehler et al., 1981; Segui et al., 1981; Cutler et al., 1986; Cutler & Norris, 1988; Cutler & Butterfield, 1992）。例えば、フランス語は、音節に基づくリズム（syllable-timed rhythm）を持つと言われるが、Mehler et al. (1981) は、フランス語話者に音節モニタリング調査（syllable monitoring task）を実施し、提示語の語頭の音節構造とターゲットの構造が

3）モーラ（mora）は、音節の下位に属する音韻単位（sub-syllabic unit）であり、日本語の基本的リズム単位をなす（Shibatani, 1990; 窪薗・本間, 2002）。

同じである場合に反応がより速くなることを見出した。もしもターゲット
が /pa/ であった場合、調査参加者の提示語 "pa#lace"（# は音節境界を示す）
に対する反応時間（response time）は、"pal#mier" に対する反応時間よりも
短く、また、ターゲットが /pal/ の場合には、"pal#mier" に対する反応時間
が、"pa#lace" に対する反応時間よりも短かったと報告している。Cutler &
Norris (1988) は、強勢に基づくリズム（stress-timed rhythm）を持つと言われ
る英語に関し、英語話者が音声の分節に強勢に基づく単位を用いていること
を見出している。Otake et al. (1993) は、モーラに基づくリズム（mora-timed
rhythm）を持つと言われる日本語に対し、音声分節における言語個別性を確
認しようと試みた。彼らは、Mehler et al. と同じ手法で調査を実施し、ター
ゲットを /ta/ とした場合、日本語話者が [ta.n.si] における /ta/ と、[ta.ni.shi]
における /ta/ に同等の速さで反応することを見出している（ここで /./ はモー
ラ境界を示す）。この結果は、フランス語話者とは異なり、日本語話者にお
いては、核と音節末尾子音間における分断が問題とならないということを示
している。このほか Otake et al. は、[ta.ni.shi] のような CVCVCV から構成
される語を用いた調査を行い、2 番目の CV のように /n/ が単独でモーラを
構成していない場合には、ターゲット音 /tan/ の発見がより困難になる（知覚
ミスの割合がより高くなる）ことを見出している。これらの結果より、彼ら
は、日本語話者が言語入力音に対しモーラ単位に基づく分節法を用いてい
ると結論した。また、この後に実施された Cutler & Otake (1994), Otake et
al. (1996) の調査においては、日本語話者が、モーラに基づく分節法を英語、
スペイン語、フランス語に適用する傾向があることも報告されている。

　日本語話者による音声分節に関する他の研究に目を向けると、Hayashi &
Kakehi (1990) は、日本語話者が「モーラ単位に合致する刺激（CVs）」に反応
した際と、「分節音（音素）のみからなる刺激（Cs）」に反応した際の反応時間
について比較し、日本語話者が、モーラ単位に合致する刺激により速く反
応したことを報告している。Kubozono (1995) は、語混成実験（word-blend

experiment）を用いた調査を行っている。調査において、音声刺激として英語の単音節語のペアを提示し、最初の語の先頭部分と、2 番目の語の末端部分を組み合わせ、調査参加者に新しい語を作成するよう求めた。混成の形態には、下記（1）に示すように、最初の語が、(a) 音節頭と核の間（onset-peak boundary）で分節される場合（C/VC）と、(b) 核と音節末尾の間（peak-coda boundary）で分節される場合（CV/C）の 2 つの可能性があるが、同様な調査を行った Treiman（1986）の研究においては、英語話者による主要な分節形態は、前者の（C/VC）のパターンであったという。これとは対照的に、Kubozono の調査では、日本語話者は後者の（CV/C）の分節パターンをより多く示したという。このデータからも、日本語話者がモーラ（ここでは CV）に基づく分節法を用いることが示唆される。

(1)		C/VC	CV/C
(a) hut / rich	→	hitch	hutch
(b) man / pet	→	met	mat

2.2　外国語の音節知覚処理における母語の負の転移について

　母語音声情報を知覚処理する際、処理をより効率的にするために、聴者が母語の音素結合に関する知識（phonotactic knowledge）を活用すること、また逆に、こうした母語専用の知覚方略の発達や使用が、外国語を聞いている際に、分析の妨げとなるといった報告がいくつかなされている（cf. Cutler, 2012）。Jusczyk et al.（1993）は、個別言語用の知覚方略の発達を実証している。彼らの報告によれば、生後 6 か月から 9 か月の間に音素配列パターンに対する感度（sensitivity）に変化が現れるという。彼らは、Headturn Preference Procedure という調査法を用い、アメリカ人とオランダ人の乳児に、母語から選ばれた低頻度の抽象的な意味を持つ単語と、母語ではない言語から選ばれた同じ条件の単語を聞かせ、その反応（刺激に対する傾聴時間）を調べている。外国語

からの刺激は、母語の音素配列規則（phonotactics）に違反する単語を含むもの
であった。調査の結果、6 か月児の傾聴時間には差異はなかったものの、アメ
リカ人の 9 か月の乳児は、英語（母語）の単語の方をより長く聞き、また、オ
ランダ人の 9 か月の乳児は、その逆のパターンを示したと言い、乳児が生後
9 か月頃より母語の音パターンにより敏感になると報告している[4]。

　上記のような母語専用の知覚方略の発達は、後の段階で、母語とは異なる、
特により複雑な音節構造を持つ言語を処理しようとした際に問題を引き起こ
す可能性がある。Flege & Wang (1989) は、中国語話者を対象に、母語（中国
語）の音素配列規則が、いかに外国語音声の知覚に影響するかを調べている。
中国語の単語においては、/t-d/ の対立が語頭に存在するが、これは語末には
存在しない。また中国語の方言に関しては、音素配列規則に違いがあり、広
東語は開放（破裂）を伴わない閉鎖者 /p, t, k/ を語末に許容するが、標準（北方）
中国語では、語末位置に閉鎖音は許容されない。一方で、上海語では、語末
位置に声門閉鎖音（glottal stop）が許容されるという。Flege & Wang はこれら
の方言の話者に英語の刺激(/t-d/ の対立を語末に持つ英単語群で、/t/, /d/ に関し、
開放時の破裂(release burst)などを取り除くよう音声処理をしたもの)を提示し、
語末における英語の /t-d/ 対立の知覚に差異があったことを報告している。広
東語話者は、語末位置に /t/, /d/ などの閉鎖音を許容しない標準中国語話者よ
りも、英語の語末の /t-d/ 音に統計的に有意なレベルでより敏感(sensitive)であ
り、また、上海語話者の知覚レベルは、その中間であったという。

2.3　日本語話者による音節情報の知覚処理について

　日本語話者がモーラに基づく分節法を用い、また、日本語の音節構造（主に

4）彼らは、英語とオランダ語におけるプロソディーの違いが乳児の反応に影響してい
　たかどうかを確認するため、low-pass filtering を用い、韻律情報のみ残された刺激
　を用いた調査も行っているが、その際にはここに述べたような結果は得られず、調
　査に参加した乳児は、音素配列の違い(phonotactics)に反応していたと結論している。

CVパターン)により敏感(sensitive)になっているとすれば、日本語よりも複雑な音節構造を持つ言語を扱う場合には、その言語の音節内情報の処理に問題を持つことが予測される。

Tajima & Erickson（2001）は、調査参加者が語中の音節数を報告する調査（syllable counting experiment）を行い、日本語話者の英語音節の処理能力について調べている。日本語話者と英語話者を対象として、無意味語と実語を用い調査を行ったところ、それぞれの話者による音節（数）知覚率に有意なレベルで差があったという。英語話者は、93%の正確さで刺激語内の音節数を解答したのに対し、日本語話者の正答率は48.2%であったと報告している。

Kahino et al.（1994）は、日本語話者にとって、音節末尾にある子音（コーダ子音）や、子音結合の知覚が難しいことを実証している（Kakehi et al., 1996 も参照）。彼らは、日本人女性によって発話された VCV の連鎖（V は日本語5母音のうちの1つ、C は無声閉鎖音（/p/, /t/, /k/）のうちの1つから構成されていた）を編集し、4つのタイプの刺激音を作成し調査を行っている。刺激音は、それぞれ、(1) NORMAL（VCV）：もともとの発話、(2) CV：もともとの VCV の発話のうち、子音発音のために閉鎖が起こった後の部分(post-closure part of original VCV utterance)、(3) VC：もともとの VCV の発話のうち、子音発音のために閉鎖が起こる前までの部分（pre-closure part of original VCV utterance）、(4) VC1-CV2：VC1V のうち、子音発音のための閉鎖が起こる前の部分（VC1）と、VC2V（母音環境は C1 と同じものとなる）のうち、閉鎖が起こった後の部分（C2V）を接合（cross-splicing）したものであった。これらを10人の日本語話者と10人のオランダ語母語話者に提示し、(1), (2), (3) の刺激音については、/p/, /t/, /k/ のうちどの子音と同じであるか、(4) の刺激音については、/pt/, /pk/, /tp/, /tk/, /kp/, /kt/ のうちどれと同じであるかを解答するよう求めた。結果として、日本語話者の VCV や CV の刺激に対する反応はオランダ語話者と同じであったが、VC と VC1-C2V に対する知覚率は、オランダ語話者より統計的に有意に低かったという。VC の刺激音に関しては、日本語話

者の知覚率は 59% であり、オランダ語話者は 78%、VC1-C2V の刺激音に対しては、日本語話者の知覚率は 53%、オランダ語話者は 71% であり、コーダ子音、子音結合の知覚処理能力に有意差が確認されたと報告している。

　以下の節においては、これらの研究に基づき行った、日本語話者による英語音節内情報の処理に関する調査結果について報告する。音節末位置にある子音の知覚に焦点を当て、Kashino et al. (1994) の調査よりも、より多くの分節音を用い調査を行った。4 つの調査を実施しているが、最初の調査 1 では、英語のナンセンスワードを用い、コーダ位置に生起する子音のうち、どの子音が日本語話者にとって知覚の難しいものであるかについて調べている。調査 2 では、調査 1 の結果をもとに、知覚率の低かったコーダ位置に具現する /m/ 音に関し、gating 手法を用い、その知覚過程を詳細に調べている。調査 3、調査 4 は、それぞれ、2 音節、1 音節の英単語（有意味語）を用いた調査であり、コーダ子音に対して知覚力を欠くということが、いかに実際の英単語の聞き取りに影響を与えるかについて考察したものとなる。

3.　調査 1（ナンセンスワード）

3.1　リサーチデザイン

　この調査においては、英語を対象として、日本語話者のコーダ子音に対する知覚能力を全般的に調べた。下記（2）に示すような、5 つの音素から構成され [CVC.CV] という音節構造を持つ、無意味語からなるニックネームを調査（知覚）対象とした。調査参加者には、空所内の下線部（3 か所）に該当する子音を書き出すように求めた。調査参加者がより子音の知覚に集中できるよう、母音は最初から解答用紙に書き出しておいた。用いられた母音は、常に [æ] と [i] であった [5]。このテストを日本語話者と英語話者に実施し、双方の調

---

5) 第 2 章で示したように、日本語話者は、[æ] の知覚を苦手とする。調査参加者が母音知覚に戸惑い、それが調査結果に影響することがないよう、対応するアルファベットを先に解答用紙に書き出しておいた。

査参加者による、第 1 音節における、コーダ子音の知覚について調べた。また、比較として、同音節、音節頭部(オンセット部)の子音知覚についても確認した。

(2) 問題例： 1. His nickname is （ ＿＿ A ＿＿ ＿＿ I).
2. His nickname is （ ＿＿ A ＿＿ ＿＿ I).

　ターゲットとしたコーダ子音と刺激語の例を下記 (3) に示す。ここでは、各刺激語グループに関して、2 つの事例のみ提示しているが、実際には、各グループについて 6 つの事例が用意され、(a) – (f) に関し合計 36 の刺激語が準備された (詳細については後に提示する表 1・表 2 を参照)。1 つのターゲット音 (例えば、/p/, /t/) が、第 1 音節の音節頭、音節末尾にそれぞれ 6 回ずつ提示されるように刺激語をデザインした。(刺激語は、ランダムに提示された。)

(3) 刺激語例：
　(a) NA<u>P</u>TI ／ NA<u>P</u>KI　　（ターゲット音 = /p/）
　(b) NA<u>T</u>KI ／ NA<u>T</u>PI　　（ターゲット音 = /t/）
　(c) NA<u>K</u>PI ／ NA<u>K</u>TI　　（ターゲット音 = /k/）
　(d) PA<u>N</u>TI ／ PA<u>N</u>KI　　（ターゲット音 = /n/）
　(e) PA<u>S</u>TI ／ PA<u>S</u>KI　　（ターゲット音 = /s/）
　(f) PA<u>M</u>PI ／ PA<u>M</u>SI　　（ターゲット音 = /m/）

　刺激についてさらに説明すると、グループ (a) – (c) においては、閉鎖音 (= 破裂音) がターゲットとなっている。[p.t], [p.k], [t.k], [t.p], [k.p], [k.t] といった閉鎖音が連続するパターンとなっているが、英語では閉鎖音が 2 つ (以上) 連続するときには最後の閉鎖音しか解放されないため (竹林・斎藤, 2008, p.138)、これらのコーダ音は、開放時の破裂 (release burst) を伴わずに発音された。一方で、日本語における音素配列規則においては、コーダ位置に閉鎖音が生起

することは「促音」を除き禁じられる。よって、日本語話者がこれらの音の知覚に問題を持つと予測した[6]。(d) は鼻音の /n/ がターゲットとなっている。これは日本語にも許容されるパターンとなる（PANKI における母音は、逆行同化（regressive assimilation）により、[ŋ] として発音されたが、日本語も同じ音韻変化を示す）。よって、日本語話者はこの音を知覚できると予測した。(e) は摩擦音 /s/ がターゲットで、これは日本語では（促音を除き）許容されないパターンとなる。予測として、日本語話者がこれらの音を知覚するのは困難となると考えた[7]。(f) は /m/ がターゲットであるが、前半の [m.p] という組み合わせ(すなわちコーダ位置における /n/ の(同化)異音としての [m] の存在)は、[kampai]（乾杯）のように日本語でも許されるものであるが、後半の [m.s] という組み合わせは日本語には存在しない（禁じられる）。日本語話者は、前者には対応できるが、後者には対応できないと予測した。

　これら計 36 の刺激語は、キャリアセンテンスとともに、音響管理された部屋において女性のアメリカ英語話者によって読み上げられ、MD レコーダーに録音された。録音物は 22kHz サンプリングレートでデジタル化され、テスト用にランダム化を行うとともに、問題文の間にポーズを挿入するよう編集

---

6) ここで、日本語における高母音 /i/, /u/ の無声化現象（devoicing of high vowels）の存在を指摘する向きもあるかもしれない。この現象は、*tekitai*（敵対）や *kagakusya*（科学者）といった語で起こる。現象により、音声学的（表層的）には、日本語においてもコーダ位置に閉鎖音（破裂音）が現れることとなる。しかし、このケースに関しては、英語と日本語で違いがあり、日本語の場合には、これらの閉鎖音は常に閉鎖開放時の音(audible release)を伴うものとなる。

7) 高母音に無声化の規則がかかった場合には、[pasuta]（パスタ）、[asuka]（飛鳥）のように、刺激語 PASTI / PASKI と類似の音形が形成される。音声学的に言えば、日本語においても /s/ がコーダ位置に生起することになる。ここで /s/ が、「摩擦」という知覚への強い音響学的手がかりを伴うことにも注意したい。Cho & McQueen(2004) は、韓国語のように語末に開放（release）を伴う閉鎖音が来ることが許されない言語の話者が、語末位置で破裂（開放）を伴う閉鎖音を聞いた場合、破裂（release burst）という強い音響的手がかりに助けられ、これらの音を知覚できることを報告している。/s/ に関しても、摩擦という音響的手がかりにより、日本語話者がコーダ位置における /s/ 音を知覚することが可能であるかもしれない。

された。

3.2　調査参加者

　日本語話者としてイギリスの大学に約 1 年間留学中の日本人学生 11 名、英語話者としてイギリス人大学生 11 名が調査に参加した [8]。

3.3　調査手順

　調査参加者は、1 人ずつ音響に配慮された部屋でテストを受けた。はじめに、解答用紙に記されているよう、[æ] と [i] の母音を含む 2 音節語を聞くことになることと、母音以外の 3 つの子音を聞き取り、書き出すようにと説明を行った。この後、例題 2 問からなる練習問題を実施した。刺激文は MD プレーヤーを用い、ヘッドホンを通じ提示された。テストは、短い休憩を挟むかたちで、2 回連続で実施された。これにより 1 人の参加者から 72 のサンプル（36 問× 2 回）を得た。

3.4　結果

3.4.1　全体結果

　結果として、（第 1 音節の）オンセット部における子音に関しては、日本語話者も英語話者も 100％の率で音を知覚した。一方、コーダ子音に関しては、下記図 1 に示すように、いくつかの音に関して、双方の参加者間で知覚率に統計的有意差が確認された。

8）聞き取り調査は行っていないが、これらの日本人調査参加者の英語力は、大学入学
　要件から TOFEL550 点以上と推測される。以後の節におけるイギリスに留学中の
　調査参加者についても（全て）同じである。

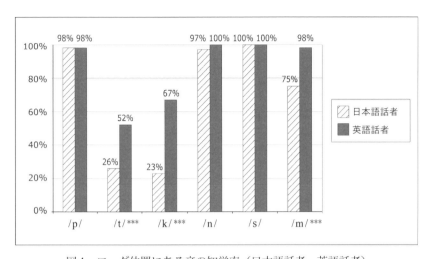

図 1　コーダ位置にある音の知覚率（日本語話者・英語話者）

注：*** は当該の音の知覚率に関し、日本語話者と英語話者間で統計的有意差（Chi-Square test: $p < .001$）があったことを示す。

　はじめに、/p/ は例外的であったが、開放（破裂）を伴わない（unreleased）/t/, /k/ の知覚に関しては、日本語話者の知覚率が著しく低く、英語話者との間に、有意差が確認された。

　開放を伴わない（unreleased）/t/, /k/ の音に関しては、英語話者の知覚率も低いが、このことより、先行母音中のフォルマント遷移における /t/, /k/ 音知覚に対する手がかり（vowel-formant transitional cues）が十分なものではないことが示唆される。（これまでの研究により、閉鎖音知覚に関して、閉鎖への移行部分（pre-closure transition）における手がかりは比較的少ないものであり、知覚への主要な手がかりは、（閉鎖音の）破裂（release burst）におけるスペクトラム中や、後続母音へのフォルマント変化に含まれるものであることが報告されている（Dorman et al., 1977; Dorman & Raphael, 1980; Tartter et al., 1983; Kakehi et al., 1996）。）閉鎖音が、破裂（release burst）というその主要な知覚の手がかりを伴わずに、ナンセンスワードのような既存知識（top-down lexical knowledge）を援用することができない環境に生起した場合には、英語話者で

もその知覚が難しくなると考えられる。また、/p/, /t/, /k/ 音の知覚率がそれぞ
れ異なっているが、これについては、これらの音の調音点の違いに起因する、
先行母音内のフォルマント遷移における当該音知覚のための手がかりの量に
違いがある可能性が考えられる[9]。

　次に、日本語の音韻規則では、/s/ がコーダ部に生起することは禁じられて
いるが、/s/ に対する知覚率は、100％であった。摩擦のような強い音響的手が
かりがあれば、音韻規則に違反しようとも日本語話者もコーダ子音を知覚す
ることができることが示された。

　/m/ の知覚率に関しては、日本語話者と英語話者の知覚率に有意差がみられ
た。[m.s] という組み合わせは日本語において禁じられるパターンであり、こ
のケースにおける [m] 音の知覚率は、76％ であった。一方、[m.p] という組み
合わせは音声として日本語にも存在するものであるが、この [m.p] 環境におけ
る [m] 音の知覚率も 74％ と低いものであった（詳しくは表 2 を参照）。

　ここで報告した、知覚率が低かった事例に関しては、誤答（エラーパターン）
を観察することにより、どのようにターゲット音が（間違って）知覚されたか
を確認することができる。次節では、エラーパターンについて分析を行う。

3.4.2　誤答分析

　誤答例をまとめたものを 39 頁および 40 頁の表 1 と表 2 に提示する。これ
らの表においては、報告されたコーダ音（誤答）とそれに後続する子音（すな
わち、第 2 音節のオンセット部の子音）の例が記載されている。

　表 2 より、日本人調査参加者における「開放を伴わない /t/, /k/ の知覚」に関
しては、NATKI が NAKKI として誤って解答されたり、NAKPI が NAPPI と

---

9) Makashay (2001) は、母音の後の位置 (post-vocalic position) において、唇音 (/p/)、
　軟口蓋音 (/k/) が、舌頂音 (/t/) よりも、フォルマント遷移においてより多くの知覚手
　がかりを得ると報告している。（ただ、この説明でも本調査で /k/ 音の知覚率が低
　かったことは説明できず、さらなる考察が必要となる。）

表 1　英語話者によるコーダ子音知覚におけるエラーパターン

番号	提示順	ターゲット音	1-1	1-2	2-1	2-2	3-1	3-2	4-1	4-2	5-1	5-2	6-1	6-2	7-1	7-2	8-1	8-2	9-1	9-2	10-1	10-2	11-1	11-2	合計	平均	スコア合計	平均
1	28	NAPTI																							22	100%		
2	15	SAPTI																							22	100%		
3	1	MAPTI																							22	100%		
4	24	NAPKI																							22	100%		
5	9	SAPKI															kk	kk							19	86%		
6	26	MAPKI																				kk			22	100%	129	/p/ 98%
7	21	NATKI													pk	pk				pk	pk	pk		pk	15	68%		
8	7	SATKI				kk	kk								kk	kk	kk	kk	kk		kk	kk		kk	12	55%		
9	33	MATKI				pd		pd	pk						pk	pk				pk	pk	pk		pk	12	55%		
10	2	NATPI			pp	pd	pp	pp	pn	rp	pp	pp	pp		pp	pp	pp	pp		pp	pd	pp	pd	pb	7	32%		
11	27	SATPI			pp		pb	pb		pt	pp	pp			pt	pp				pp	pb	pb	pd	pb	8	36%		
12	14	MATPI	pp	pp			pb	pb			dp	tp	dp		pp	pp	pp		pb	pb	pb	pb	pb	pb	14	64%	68	/t/ 52%
13	8	NAKPI				pp	pp	tb			dp	tp	dp	dp				pp		pp	pb	pb	pb	pb	13	59%		
14	29	SAKPI				pp	tp	tp	tp								pp	pp		pb	pb	pp	pp	pp	14	64%		
15	20	MAKPI																			pb	pb			20	91%		
16	36	NAKTI						pb															pt	pd	20	91%		
17	22	SAKTI		pt		pd	pd		pt	pt	pd	pd				pt	pt				pd	pt	pt	pd	12	55%		
18	10	MAKTI		pt	pp	pd	pd	pd	pt	pt	pd	pd	pt			pp	pp				pd	pt	pt	pb	10	45%	89	/k/ 68%
19	4	PANTI																							22	100%		
20	25	TANTI																							22	100%		
21	16	KANTI																							22	100%		
22	13	PANKI																							22	100%		
23	11	TANKI																							22	100%		
24	32	KANKI																							22	100%	132	/n/ 100%
25	17	PASTI																							22	100%		
26	5	TASTI																							22	100%		
27	34	KASTI																							22	100%		
28	31	PASKI																							22	100%		
29	19	TASKI																							22	100%		
30	12	KASKI																							22	100%	132	/s/ 100%
31	35	PAMPI										np													21	95%		
32	23	TAMPI																							22	100%		
33	3	KAMPI																							22	100%	65	/m-p/ 98%
34	6	PAMSI									ns														21	95%		
35	30	TAMSI																							22	100%		
36	18	KAMSI																							22	100%	65	/m-s/ 98%

表2 日本語話者によるコーダ子音知覚におけるエラーパターン

番号	提示順	ターゲット音	1-1	1-2	2-1	2-2	3-1	3-2	4-1	4-2	5-1	5-2	6-1	6-2	7-1	7-2	8-1	8-2	9-1	9-2	10-1	10-2	11-1	11-2	合計	平均	合計	平均
																	調査参加者									スコア		
1	28	NAPTI															np								21	95%		/p/
2	15	SAPTI																							22	100%		
3	1	MAPTI																							22	100%		
4	24	NAPKI																mk							21	95%		
5	9	SAPKI																							22	100%		
6	26	MAPKI																							22	100%	130	98%
7	21	NATKI	kk	kk	kk	kk			kk	kk	kk	kk	kk	pk	pk		pk	pk		pk	pk	pk			8	36%		/t/
8	7	SATKI	kk	kk	kk	kk			kk	kk	kk	kk	ak	ak	pk		kk	pk		kk	kk	kk	kt		5	23%		
9	33	MATKI	kk		kk	kk	kk	pk	kk	kk	pp	kp	xb	pk	pk	pk	pk	pk	tb	pk	kk	kk			4	18%		
10	2	NATPI	pp	pp	pp	pp	pp	gb	pp	pp	pp	pp	xb	pt	pk	pp	pp	pp	tb	tb	pp	pp	tb		5	23%		
11	27	SATPI	pp	pp	pp		gb	pp	pp	tk	pp	pt	pt		pk		pt	pt		pt	pp	pp			7	32%		
12	14	MATPI	pp		pt	pt		pp	tp	pk	pp	pt	pt	pt	pt		pt	pt		pt	pp	pp	pp		5	23%	34	26%
13	8	NAKPI	tp		pp	pp			pp	pp	pp		xb	tb	pp	pt	pp	pp	tb	tb	pp	pp	tp	tp	2	9%		/k/
14	29	SAKPI	pp		pp	pp	pp		pp		pp		xb	pt	pp	pt	pp	pp		tb	pp	pp	tp		6	27%		
15	20	MAKPI			pp	pp	gb	gp	pp				xb	tb	pt	pt	pt	pp	tb	tb	pp	pp			13	59%		
16	36	NAKTI	pt		pt	pt		pt	pt	tk	pt	pt	pt	pt	tk	tk	pt		pt	pt	pt	pt	mt	tt	7	32%		
17	22	SAKTI	pt		pt	pt			pt	tk	pt	pt	pt	pt	pt	tk	pt	pt	pt	pt	pt	pt		pt	2	9%		
18	10	MAKTI	pt		pt	pt	pt	pt	tp	pk	pp	pt	pt	pt	pt	pt	pt	pt	pt	pt	pt	pt	pt	pt	1	5%	31	23%
19	4	PANTI																							22	100%		/n/
20	25	TANTI											mt										mt		19	86%		
21	16	KANTI																							22	100%		
22	13	PANKI																							22	100%		
23	11	TANKI																							22	100%		
24	32	KANKI							sk																21	95%	128	97%
25	17	PASTI																							22	100%		/s/
26	5	TASTI																							22	100%		
27	34	KASTI																							22	100%		
28	31	PASKI																							22	100%		
29	19	TASKI																							22	100%		
30	12	KASKI														pt									22	100%	132	100%
31	35	PAMPI		np	ps				np	np										np	np	ps			17	77%		/m-p/
32	23	TAMPI	np		pt	ps	np		np	np				np						np	np	ps	ps		17	77%		
33	3	KAMPI			np	ps			np		np			np						np	np	ps			15	68%	49	74%
34	6	PAMSI			ps	ps			ns	ns							ns	ns		ns	ps	ps			14	64%		/m-s/
35	30	TAMSI			ps	ps														ps	ps	ps			18	82%		
36	18	KAMSI			ps	ps													np	ps	ps	ps			18	82%	50	76%

40

して解答されるケースを多く確認することができる。これらのエラーパター
ンから、日本語話者がコーダ部における開放を伴わない /t/, /k/ の知覚に失
敗したこと、および（誤答の）知覚が、後続音節における閉鎖音の開放（stop
release）をもとに行われたことがわかる。また、コーダ子音の認知には失敗し
たが、これらの音の長さについては知覚できていたこともわかる。こうした
誤答が、全エラーパターンのうち約 7 割を占めていた。

　/m/ 音の知覚に関しては、日本語話者において、/m/ 音が、/n/ または /p/ と
して誤って解答された。日本語に許容される [m.p] の組み合わせの知覚にお
いては、この組み合わせを [n.p] と（誤って）解答する例が多かった。また、日
本語に許容されない [m.s] の組み合わせに関しては、これを [p.s] として解答
することが多く、[m.s] に対するすべての誤答 16 例のうち、11 例（＝ 69%）が、
[p.s] という誤答であった。このケースに関しては、[m], [p] とも両唇音として
調音点は同じであるが、鼻音ではなく、破裂音が報告されている点が興味深
いが、その理由については、説明することができない。

　前者の日本語に許容される [m.p] の組み合わせが [n.p] と誤って解答された
ケースについては、その知覚過程を確認すべく追加の調査を行った。次節に
おいてその報告を行う。

4.　調査 2（コーダ位置における /m/ 音の知覚）

　調査 1 において、日本語話者にとってコーダ位置における /m/ 音の知覚
が難しいことが示されたが、"gating 手法" を用い、追加調査を行った（cf.
Grosjean, 1980, 1985, 1996; Bard et al., 1988）。Gating 手法とは、刺激語・刺激
文を、一定単位に分割し（msec 単位または語単位など）、それらを語頭または
文頭から順に、だんだんと長くしながら提示していき、各提示回の調査参加
者の知覚反応を観察するという調査法である。この手法を用い、調査 1 では
確認することのできなかった、コーダ位置における /m/ 音知覚に関する時間
的な変化を確認しようと試みた。

4.1 リサーチデザイン

　調査 1 で使用された刺激語 KAMPI を題材に調査を実施した。日本語においては、[m.p] のような、後続する両唇音への同化音としての [m] の生起がコーダ位置に許容されるが、ここで取り上げる刺激語 KAMPI における [m] 音の知覚率は、表 2 で示したように、68% と低いものであった。また、報告された誤答については、全てが [m.p] を [n.p] として報告するものであった。日本人調査参加者が、どのような理由で、また、どのような過程を経て [m] を [n] として誤って知覚したのかを確認しようと試みた (cf. 榎本他, 2021)。

　Gating 用の刺激の作成方法については、次頁図 2 のように、[m] 音の終端を基準にして、そこから前に 20 msec 単位で刺激を分断し、5 つのユニットを用意した。また、先端部の残りの部分でユニットを 1 つ作成した。[m] 音の終端以降に関しては、40 msec のユニットを 2 つ、それ以降の部分でユニットを 1 つ作成した。調査においては、第 1 回目の提示（第 1 ゲート）で、図 2 における①の部分が、第 2 回目の提示（第 2 ゲート）において、①＋②の部分が提示された。

　調査において確認しようとした点は、次の 3 点であった。はじめに、(1) 英語話者と日本語話者間において [m] 音に先行する母音内のフォルマント遷移の活用に違いが見られるかどうか、すなわち、母音提示中の [m] 音の知覚に差異が見られるか（これには ②、③の部分が関係する）。次に、(2) 第 4 ゲート(第 4 回目の提示)以降の、母音の提示が終わり、[m] 音自体が提示されている段階において、日英語話者間でその知覚に時間的差異が見られるかどうか、換言すると、[m] 音の知覚に必要とされる、[m] 音そのものについての情報量に差異があるかという点。最後に、(3) いつ、どのタイミングで日本語話者が [m] を誤って [n] として知覚するのか、という点であった。

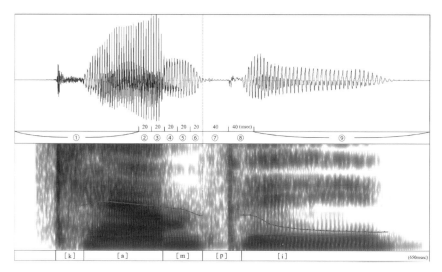

図 2　Gating 調査における刺激の作成方法について

4.2　調査参加者

　日本語話者として日本の私立大学理工学部に所属している大学 1 年生 10 名と、英語話者としてオーストラリア人中学生 10 名（平均年齢 14 才 9 か月）が調査に参加した。双方の調査参加者に年齢差が生じているが、オーストラリアにおいて調査参加者を集めることが容易ではなく、このようなかたちとなった。英語話者に関しては、実際は、15 人が調査に参加したが、解答手順を間違えたり、文字が読みづらいといったケースがあったため 5 名分のデータは、考察に加えなかった。

4.3　調査手順

　調査は、LL 教室等、音響に配慮された環境において実施された。音声刺激はヘッドホンを通じて提示された。調査参加者には、巻末の付録 B に示す説明書と解答用紙が配布され、ある単語（無意味語）が短い単位に区切られ、少しずつ長くなりながら 9 回に分けて提示されること、各提示回に聞こえたと

思った音を（推測して）書くようにと説明が与えられた。実施者が説明を行った後、刺激語 TASPI を用い練習を行い、その後本調査を実施した[10]。

4.4　調査結果

　調査結果を、次の表 3 に示す（また、46 頁・47 頁の (4)、(5) に調査参加者の個別データを提示する）。全般的に、ターゲット音 ([m]) の「知覚のタイミング」に関しては、（誤答も含めると）日本語話者、英語話者ともかなり類似していた。

表 3　Gating 調査における [m] 音の知覚結果について（刺激語：KAMPI）

		Gate 3	Gate 4	Gate 5	Gate 6	Gate 7	（最終ゲート）
英語話者	M として知覚(正)	1	6	2	1		(10)
(N=10)	N として知覚(誤)						(0)
日本語話者	M として知覚(正)		1		1	1	(3)
(N=10)	N として知覚(誤)		5	2			(7)

　はじめに、第 2、第 3 ゲートにおける、母音提示中の [m] 音の知覚、すなわち先行する母音内のフォルマント遷移の活用に関しては、第 3 ゲートでターゲット音 ([m]) を知覚したケースが、英語話者 1 名、日本語話者 0 名であり、大きな差は見出されなかった（ただし調査参加者の数を増やせば、結果が異なってくるかもしれない）。またこの結果から、先行母音内のフォルマント遷

---

10) Grosjean (1980, 1985) は、「刺激語が認知された時点 (recognition points)」に関し、"isolation point" と "total acceptance point" の 2 つを仮定している。Isolation point は、調査参加者によりターゲット語が他の語と区別 (isolate) され、その後解答が訂正されることなく、正しく推測（報告）された時点を指す。また、total acceptance point は、推測された語に対し、「完全な確信度 (perfect confidence rating)」が付与された時点を言う。本調査における recognition point は、調査参加者に confidence rating を確認していないことから、Grosjean (1980, 1985) における isolation point に相当するものとなる。

移が [m] 音知覚に果たす役割が、それほど大きくないということもわかった。

　次に、ターゲット音 ([m]) が提示されている際の知覚のタイミングについて
であるが、日本語話者における間違って [n] を報告したケースも含めて考える
と、ターゲット音の知覚は、主に、第 4・第 5 ゲートでなされており、双方の
調査参加者によるターゲット音の知覚タイミングはかなり類似していた。

　このように、日本語話者、英語話者の（誤答も含んだかたちでの）ターゲッ
ト音知覚のタイミングはかなり類似しており、日本語話者、英語話者間の認
知プロセスにおける大きな違いは、大半の日本語話者が、第 4・第 5 ゲート
において、[m] を [n] として間違って知覚していることにあった（このような
知覚ミスはそのまま最終ゲートまで続き、日本語話者のうちの 7 人（＝ 7 割）が、
[m] を [n] として間違って解答していた）。日本語話者は、コーダ部において
[m] 音が提示されている際に、鼻音性（nasality）を知覚しているが、フォルマ
ント分析に失敗し、それを [m] 音の知覚に結び付けることができていないと
指摘することができる [11]。

---

11) 調査 1 では日本語話者による刺激語 KAMPI 中の [m] 音の知覚率は 68% であった
　　が、この調査では、30% となっており、知覚率に差がある。この原因については、
　　調査参加者の英語習熟度の違いによると考えている。調査 1 における調査参加者は、
　　イギリス留学中の学生であり、大学入学時の要件から、TOEFL550 点以上の英語
　　力があると推定される。一方、この gating 調査の参加者は、留学経験のない、理
　　工学部に所属する 1 年生の学生であり、これらの参加者が受けた業者テストによ
　　る TOEFL の換算点（推定点）は、平均 456 点であった。

(4) 英語話者を対象とした gating テスト結果(刺激語：KAMPI)

(1)
1. K＿＿＿＿.
2. C＿＿＿＿.
3. C a m＿＿.
4. c a m p＿.
5. c a m＿＿.
6. K i m＿＿.
7. k e m＿＿.
8. C a m p＿.
9. K a m p y.

(2)
1. K A＿＿＿.
2. K A P＿＿.
3. K A P＿.
4. K A M P＿.
5. K A M P＿.
6. K A M＿＿.
7. K A M＿＿.
8. K A M P 1.
9. K A M P 1.

(3)
1. K＿＿＿＿.
2. K I＿＿＿.
3. K I＿＿＿.
4. K I M＿＿.
5. K I M＿＿.
6. K I M＿＿.
7. K I M＿＿.
8. K I M P＿.
9. C A M P E.

(4)
1. K＿＿＿＿.
2. K E＿＿＿.
3. K I＿＿＿.
4. K I M＿＿.
5. K I M＿＿.
6. K I M＿＿.
7. K I M＿＿.
8. C A M P＿.
9. C A M P Y.

(5)
1. K＿＿＿＿.
2. K E＿＿＿.
3. K A＿＿＿.
4. K A M＿＿.
5. K I M＿＿.
6. K A M＿＿.
7. K E M＿＿.
8. K A M P 1.
9. K A M P 1.

(6)
1. K E＿＿＿.
2. K E＿＿＿.
3. K E＿＿＿.
4. K E M＿＿.
5. K E M＿＿.
6. K E M＿＿.
7. K E M＿＿.
8. K E M P＿.
9. K E M P Y.

(7)
1. C＿＿＿＿.
2. C＿＿＿＿.
3. C＿＿＿＿.
4. C A＿＿＿.
5. C A M＿＿.
6. C A M＿＿.
7. C A M＿＿.
8. C A M＿＿.
9. C A M P Y.

(8)
1. K e＿＿＿.
2. K e＿＿＿.
3. K e＿＿＿.
4. K e＿＿＿.
5. K e m＿＿.
6. K e m＿＿.
7. K e m＿＿.
8. k e m p＿.
9. k e m p y.

(9)
1. k＿＿＿＿.
2. k e＿＿＿.
3. K E P＿＿.
4. K E P＿＿.
5. K E M P＿.
6. K E M P＿.
7. K E M P＿.
8. K E M P＿.
9. K E M P 1.

(10)
1. K＿＿＿＿.
2. K＿＿＿＿.
3. K E＿＿＿.
4. K E M＿＿.
5. K E N＿＿.
6. K E M＿＿.
7. C A M P＿.
8. C A M P Y.
9. C A M P Y.

(5) 日本語話者を対象とした gating テスト結果(刺激語 : KAMPI)

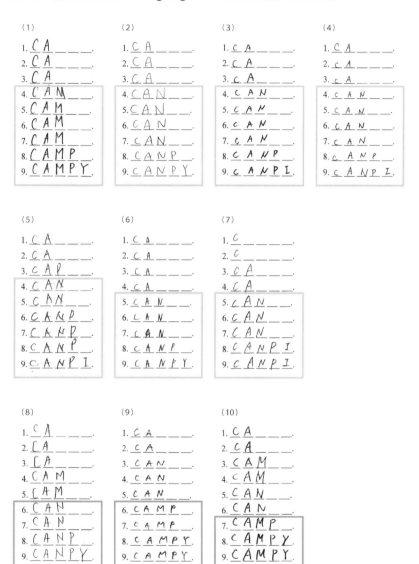

調査の結果、日本語話者が、フォルマント分析に失敗し、英語の音節末位置にある [m] 音を、[n] として誤って知覚することが頻繁に起こることが示されたが、この原因に関して、次の 2 点を考えた。

第 1 の要因として、綴り字(に関する知識)の影響が考えられる。日本語では、「しん<u>ぱ</u>い [ʃimpai] 」における [m] の音が、「しん<u>さ</u>つ [ʃinsatsɯ] 」における [n] と同様に「ん」で綴られる事実があるが、日本語話者が、音韻論における一般的な記述と同様に、音節末位置における後続子音に同化した鼻音 [m] を /n/ の「異音」として、すなわち音節末位置における鼻音を、/n/ を基本として捉えているのであれば (cf. 窪薗, 1998)、このような綴り字からの影響 (混同) が発生する可能性がある。このことに関しては、「かな文字」をまだ学習していない幼児への調査を行うことで確認をすることができるかもしれない。提示された 2 つの刺激(例えば、[ʃim] と [ʃin])が、同じであったか、違ったものであったかを報告するものである弁別テスト (discrimination test) であれば、幼児でもタスクに対応することが可能であるかもしれない。

次に、/n/ 音, /m/ 音における音声(音響)特性の違いが聞き間違いにつながった可能性が考えられる。/n/, /m/ は、双方とも「鼻音」であるが、調音点に関しては、/n/ は歯茎、/m/ は両唇といった違いがあり、それぞれの音の音響特性に違いがある可能性がある。Tsuji et al. (2015) は、/m/ (唇音：labial) と /n/ (舌頂音：coronal) の知覚における非対称性(labial-coronal perceptual asymmetry) の存在を指摘し、/m/ が /n/ として聞き間違えられることがあるが、その逆は生じないことを報告し、/n/ 音が特別な地位(special status) を持つことを指摘している [12]。日本語では、英語のような音節末における /m/-/n/ の対立(例：

---

12) Tsuji et al. (2015) は、どの言語の音でも知覚することができるとされる 4 か月児、6 か月児に対して、馴化 (habituation) を用い調査を行っている。唇音 (labial) を用いて馴化を行い、テスト (test trial) の際に、舌頂音 (coronal) を提示された場合、調査に参加した乳児は 2 つの音を聞き分けることができたが、舌頂音を用いて馴化を行い、テストの際に唇音を提示された場合には、音を聞き分けることができなかったという(聞き分けができたかどうかについては、視線計測(looking time)により判定された)。

sum vs. *sun, dim* vs. *din* など）が存在せず、音節末位置での /m/-/n/ の対立に対する厳密な聞き分けが必要とされない。音節末位置での /m/-/n/ 対立への感度（sensitivity）がもともと低いなか、/n/ 音の特別な属性の影響をさらに受け、/m/ 音の /n/ 音への聞き間違えが頻繁に発生するという可能性も考えられる。

5.　調査 3（有意味語：2 音節語）

　第 3、第 4 の調査として、調査 1 で示されたコーダ位置に生起する、開放を伴わない（unreleased）/t/, /k/ の音に対し知覚力を欠くということが、実際の英語の聞き取りにいかに影響を与えるかについて調べた。2 音節語と 1 音節の実語を用い調査を行った。本節では、2 音節語に関する調査について報告する。

5.1　リサーチデザイン

　下記（6）に示すように、語中および語末に unreleased /p/, /t/, /k/ を含む語と unreleased /p/, /t/, /k/ を含まない語（コントロールグループ）を、キャリアセンテンス "Please say the word (_____)." とともに音声提示し、その認知率の比較から、開放を伴わない閉鎖音の 2 音節語の認知に対する影響を確認しようと試みた。調査参加者には、聞き取った語を解答用紙に書き出すよう求めた。刺激語は、キャリアセンテンスも含め調査 1 と同様に女性アメリカ英語話者によって読み上げられ、録音された。録音物に対しては、22kHz サンプリングレートでデジタル化した後、ランダム化、ポーズ挿入等の音声編集を行った。各問題文の間には解答時間として 4.5 秒のポーズを挿入した。第 4 章において詳細に議論するが、実際にある語(特に内容語)の聞き取りには、ターゲットとなる語に対する「なじみ度」も影響すると考えられる。このため、結果の考察用に、テストの終了後、調査参加者に 0 − 5 のスケール（0 ＝知らない、5 ＝ 大変なじみがある）を用い、4 技能を含めた総合的な観点から各語に対するなじみ度を報告してもらった。

(6) 問題例： Please say the word (＿＿＿＿).

（ターゲット語）

［語中］

unreleased /p/: ca<u>p</u>tain ／ cha<u>p</u>ter ／ na<u>p</u>kin ／ pum<u>p</u>kin

unreleased /t/: nigh<u>t</u>club ／ sui<u>t</u>case ／ no<u>t</u>ebook ／ ou<u>t</u>put

unreleased /k/: che<u>ck</u>point ／ co<u>ck</u>pit ／ vi<u>c</u>tim ／ do<u>c</u>tor

［語末］

unreleased /p/: esca<u>p</u>e ／ tuli<u>p</u>

unreleased /t/: boyco<u>tt</u> ／ carro<u>t</u>

unreleased /k/: garli<u>c</u> ／ heada<u>ch</u>e

［コントロールグループ］

unreleased /p/, /t/, /k/ を含まない語：freedom ／ nature ／ labour ／ cancer

5.2　調査参加者

　イギリスの大学に約 1 年留学中の日本人学生（11 名）が調査に参加した。これらの参加者は調査 1 にも参加している。本調査は調査 1 から約 2 か月後に実施された。

5.3　調査結果

　結果については、日本人調査参加者によるターゲット語の認知率は全て 100％であり、unreleased /p/, /t/, /k/ の影響は確認されなかった。この結果については、主に「なじみ度」、および 2 音節語の「語の長さ」の 2 つの要因が関係しているのではないかと考えた。2 音節語は 5-7 の音素から成り、語を構成する音素の数が多い。語中の音素を 1 つくらい聞き取ることができなくとも、語彙知識の活用、すなわち語の他の部分からの類推によりターゲット語を認知できる可能性がある。この方略は多分にターゲット語に対するなじみ度に影響されると考えられるが、この調査ではなじみ度の度合いも高く、全体平

均で、0 – 5 のスケールにおいて 4.38 であった。下記 (7) に各ターゲット語に対するなじみ度を示す。各語の後に示されている数値が、当該の語に対し報告されたなじみ度の平均値を表している [13]。

(7) ターゲット語に対するなじみ度

[語中]

　unreleased /p/: ca<u>p</u>tain(4.55) / cha<u>p</u>ter(4.82) / na<u>p</u>kin(4.09) / pum<u>p</u>kin(4.27)

　unreleased /t/: nigh<u>t</u>club(4.64) / sui<u>t</u>case(4.55) / no<u>t</u>ebook(5.00) / ou<u>t</u>put(4.27)

　unreleased /k/: che<u>ck</u>point(3.82) / co<u>ck</u>pit(3.55) / vi<u>ct</u>im(4.09) / do<u>ct</u>or (5.00)

[語末]

　unreleased /p/: esca<u>p</u>e(4.15) / tuli<u>p</u>(4.36)

　unreleased /t/: boyco<u>tt</u>(3.36) / carro<u>t</u>(4.64)

　unreleased /k/: garli<u>c</u>(4.36) / heada<u>ch</u>e(4.27)

[コントロールグループ]

　unreleased /p/, /t/, /k/ を含まない語： freedom(4.45) / nature(4.73) /

labour(4.36) / cancer(4.27)

---

13) 別に行った語の聞き取りテスト (第 4 章参照) では、なじみ度が (同じ 0 – 5 のスケールのうち) 4.3 くらいであれば、8 割くらいの正答率 (語の認知率) につながっていた。2 音節語の認知に、知覚の難しい音素の存在が影響しないケースは、母音知覚においても確認することができる。これは第 4 章で報告する調査の一部となるが、英語を専攻とする日本人大学生 12 人を対象に gap-filling test を実施し (キャリアセンテンスは "I read an article about (　　　) for my essay." というものを用いた)、日本人にとって知覚が比較的容易な母音 [iː], [eɪ] を含む語 (*freedom, nature, labour*) と、聞き取りを苦手とする母音 ([æ]) を含む語 (*cancer*) の認知率の比較を行ったところ、*freedom, nature, labour* の聞き取り率は、それぞれ、58%、100%、58%、*cancer* の聞き取り率は 83% という結果となり、*freedom, labour* の方が、*cancer* よりも認知率が低く、聞き取りを苦手とする母音 ([æ]) の影響は特に確認されないという結果となった。この結果に関しても、2 音節語の語の長さ、すなわち、語を構成する音素の数の多さが関係した可能性が考えられる。(また、*cancer* の認知率が *freedom, labour* よりも高いことについては、当該の語に対するなじみ度の高さが関係していたと考えられる。詳細は第 4 章を参照。)

この調査では、2 音節語（多音節語）の認知に対する開放を伴わない閉鎖音（unreleased /p/, /t/, /k/）の影響は、確認されなかった。この結果に対し、語を構成する音素のより少ない 1 音節語ではどのような違いが生ずるかと考え、追加調査を行った。次節においてその内容について報告する。

6. 調査 4（有意味語：1 音節語）

6.1　リサーチデザイン

本調査では、コーダ位置における開放を伴わない /k/ 音が、いかに 1 音節語の認知に影響を与えるかについて調べた。調査には、"gating 手法"を用いた。2 つの刺激提示モードを採用し、刺激文を「語単位」、または「100 msec 単位」で分断し、提示した。後者の刺激文を「100 msec 単位」で分断・提示したバージョンは、語境界を示さないことにより、テストをより通常のリスニング状況に近づけることを意図して採用した[14]。各提示回において調査参加者に十分な解答時間を与えるべく、各ゲート間には、3.5 秒からはじめ、以後 0.5 秒単位で増やし、最大 7 秒のポーズを挿入した。調査には、以下に示すような 4 文を用意した。下線を引いた語が、ターゲット語となる開放を伴わない /k/ 音（unreleased /k/）を含む語であり、これらの語がどのように認知されるかについて調べた。刺激文は、アメリカ英語話者によって読み上げられ、録音された。録音物は、22kHz サンプリングレートでデジタル化された後、音声編集された。

(8) 調査に用いられた文：

1. Jane <u>booked</u> a flight for her business trip. 　　　　（by word）
2. Jane <u>knocked</u> on the front door but nobody answered. 　（by word）
3. Jane <u>asked</u> her friend to buy her a drink. 　　　　（by 100msec）
4. Jane <u>baked</u> a cake to serve at the meeting. 　　　　（by 100msec）

---

14) この調査は第 5 章で報告する調査の一部となる。実際には、8 つの文を用い調査が
　　行われた。

　ターゲット語の認知率には、(a) その語に含まれる母音のタイプ（母音内フォルマント遷移における /k/ 音知覚のための手がかりの量の関係から）、(b) その語に対するなじみ度、(c)（特に /k/ 音が知覚できなかった場合に）同じような音形を持つ他の語が存在するかどうか、などが関わってくると考えられるが、(a) の要因についてはコントロールすることができなかった。(b) については、gating 調査を行った後、調査参加者に各語に対するなじみ度を報告してもらい、考察に加えた。(c) については、2 番目の文におけるターゲット語 *kno(ck)ed* に対し *not* という類似の音形を持つ語が存在した。

6.2　調査参加者

　日本語話者としてイギリスの大学に約 1 年留学中の日本人学生 10 名（本章調査 1 と同一の参加者）、および英語話者としてイギリス人大学生 10 名が調査に参加した。この調査は、調査 1 から約 4 か月後に実施された。

6.3　調査手順

　調査参加者は、音響に配慮された部屋において 1 人ずつテストを受けた。テストの前に、テスト内容の確認のために「100 msec 単位」で分断・編集された "I study Japanese." という文を用い練習を行った。調査参加者には、ある文が「100 msec 単位」または「語単位」で、文頭からだんだんと長くなり提示されること、各提示回に自分が聞いたと思った語を書き出すようにと指示を行った。また、新しく聞き取った語のみ書き出せばよいという指示も行った。刺激文は MD プレーヤーからヘッドホンを通じて提示された。テスト後、調査参加者に、文中の各語に対するなじみ度を 0 - 5 のスケール（0 = 知らない、5 = とてもなじみがある）を用い報告してもらった。

6.4　調査結果

　英語話者 10 名に関しては、参加者全員が提示語を問題なく確実に聞き取る

ことができた。刺激文が「語単位」で分断・提示されたケースにおいては、各語を、それらが提示された回（ゲート）において確実に聞き取っていた（例を下記(9)に示す）。また「100 msec 単位」で分断・提示されたケースにおいては、語末が提示されるよりも前のゲートで提示語を認知することもあった。

(9) 英語話者による、刺激文 *Jane knocked on the front door but nobody answered.* に対する解答例

Number 4 (word)

```
 1  Jane
 2      knocked
 3          on
 4            the
 5          front d
 6            door
 7              but
 8              nobody
 9                answered.
10
11
12
```

Number 4 (word)

```
 1  Jane
 2   knocked
 3        on
 4          the
 5        front
 6          door
 7            but
 8            nobody
 9              answered.
10
11
12
```

Number 4 (word)

```
 1  Jane
 2  Jane knocked
 3     knocked on
 4        on the
 5        on the front
 6          front door
 7            door but
 8              but nobody
 9                nobody answered
10
11
12
```

英語話者とは対照的に、日本語話者の報告には、聞き間違いなどの混乱が数多く確認された。はじめに、各ターゲット語の認知率を次の表 4 に示す（表において immediate は "immediate recognition"、さらに delayed は "delayed (late) recognition" を意味する。Delayed (late) recognition とは、ターゲット語が、その語末が提示された際には認知されず、後続の語が提示された際に（すなわち後続のゲートにおいて）遅れて認知された場合を言う。

表 4　ターゲット語の認知結果（日本人調査参加者 10 名による）

ターゲット語	immediate	delayed	missed	なじみ度 (0-5)
booked	6	4	0	4.60
knocked	3	5	2	4.00
asked	8	2	0	5.00
baked	4	3	3	3.90

表より *knocked, baked* に対する missed recognition や delayed recognition の割合が高いことがわかるが、これらの語に関しては、報告されたなじみ度の値も低く、なじみ度の低さが低い認知率につながった可能性も考えられる。このデータのみではターゲット語認知への unreleased /k/ の影響は確認できないが、各ゲートで報告された誤答例から unreleased /k/ の影響が明らかとなった。ターゲット語 *knocked* が含まれる刺激文：*Jane knocked on the front door, but ...* に関する missed recognition と delayed recognition の代表的な例を次頁（10）に示すが、最終的にはコンテクストに助けられ大半の調査参加者（10 人中 8 人）が正しく文を理解できていたが、ターゲット語 *knocked* の知覚に関しては、10 人中 5 人が、はじめに *knocked* を *not* として誤って聞き取っていた（*knocked* のコーダ部にある /k/ 音を聞き取ることができない場合 *not* と似た音に聞こえることになる）。また、うち 1 名（下記（10）における 2 番目の例）は、最後まで、*not* として間違って報告していた。結果より、開放を伴わない閉鎖音(unreleased stops)に対する知覚力の欠如が、文処理過程におけるターゲット

語の聞き間違いなどの混乱や、最終的なターゲット語の聞き取りミスにつながり、実際の英語の聞き取りに影響を与えていることがわかった[15]。

（10）日本語話者による、刺激文 *Jane knocked on the front door but nobody answered.* に対する解答例

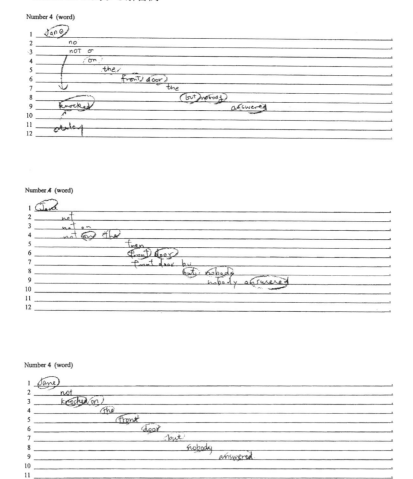

---

15) 予備調査の段階で、刺激文 "Mary baked a cake … " を 100 msec 単位で分断し gating 手法で提示したところ、日本人調査参加者のうち 1 名が、ターゲット語

7.　まとめ

　本章においては、音節レベルにおける母語干渉を確認すべく、英語話者と比較するかたちで、日本語話者の英語音節、特にコーダ子音の知覚能力について考察した。最初の調査では、ナンセンスワードを刺激として用い、Kashino et al.（1994）の調査よりも、より多くの分節音を用いて調査を行った。また、Kashino et al. が用いた多肢選択型同定テストではなく、調査参加者に調査対象なっている子音を記述させるという方式で調査を行ったが、結果として、日本語話者がコーダ位置に具現する開放を伴わない /t/, /k/ および /m/ 音の知覚に問題を持つことが示された。英語話者においても、本調査のような、既存の語彙知識（top-down lexical knowledge）に頼ることができない、ナンセンスワードを用いた調査においては、開放を伴わない /t/ 音, /k/ 音の知覚が難しくなるということが示された。これは、先行母音内におけるこれらの音の知覚手がかりとなるフォルマント遷移が少ないということを示唆するが、同条件での日本語話者によるこれらの音の知覚率は、英語話者に比べ有意に低いものとなっていた。

　次に、この調査結果をもとに、3 つの追加調査を行った。1 つ目の調査は、日本語話者による、コーダ /m/ の知覚ミスに関する問題を取り上げたもので、gating 手法を用い、その知覚過程の詳細（時間的推移）について確認した。日英語話者を対象に調査を行い、（誤答も含め）ターゲット音知覚のタイミングがほぼ類似であることから、日本語話者がコーダ位置における /m/ 音のフォルマントを適切に解析できないことが /m/ 音の知覚ミスにつながっていると判断した。

　他の 2 つの調査においては、コーダ位置に生起する開放を伴わない /t/, /k/ 音を知覚できないことが、いかに実際の語の聞き取りに影響するかを調べた。

---

　baked を *beit (?)* とクエスチョンマーク付きで報告した。この例も、参加者が開放を伴わない /k/ 音を知覚できなかったこと、また知覚能力の欠如がターゲット語の認知に影響したことを示唆する。

はじめに、語中および語末音節のコーダ位置に開放を伴わない /p/, /t/ および /k/ 音が生起する 2 音節語を対象として、gap-filling test を用いて調査を行った。結果として、日本語話者によるこれらの語の認知率は 100% であり、開放を伴わない /t/, /k/ 音の 2 音節語認知への影響は確認されなかった。これについては、2 音節語の「語の長さ」が関係したと推定した。2 音節語は 5-7 の音素から成り、語を構成する音素の数が多く、語中の音素を 1 つくらい聞き取ることができなくとも、語の他の部分からの類推によりターゲット語を認知できる可能性があるのではないかと考えた。

　もう 1 つの調査では、開放を伴わない /k/ 音が、（語を構成する音素の数がより少ない）1 音節語の認知にいかに影響するかについて調べた。Gating 手法を用いて調査を行った結果、コーダ位置にある開放を伴わない /k/ 音を知覚できないということが、聞き取りのミスや、認知の遅れというかたちで、英単語（1 音節語）の認知に影響を及ぼしていることを確認した。結果より、英語学習においてコーダ子音 (unreleased /t/, /k/ および /m/ 音) 知覚への対応が必要となることが示唆された。

第 4 章

語認知に対する語のなじみ度と
音変化の関わりについて [1]

1. はじめに

　本章では、英単語の認知に対する、語のなじみ度と音変化（sound reduction）
の影響について考察する。語と語が連続する句・文のレベルにおいては、特
に、速く、くだけた発話（rapid, casual speech）において、複雑な音連鎖を発音
する際の調音器官の複雑な動きを避けたり、複雑な音連鎖ではなくとも、発
音をさらに簡素化するために（ease of articulation）、同化、脱落などの音変化
が頻繁に起こる（Shockey, 1974, 2003; Roach, 2000）。英語の音変化現象が外
国人学習者の英語の聞き取りの妨げとなることは以前から報告されているが
（Henrichsen, 1984; Koster, 1987; Brown, 1990; Roach, 2000; Shockey, 2003）、本
調査では、各音変化規則に対し比較を行い、どのような音変化現象が日本人
英語学習者にとって対応が難しいのかを明らかにすることを試みる。より難
しい規則に対してはより多くの訓練が行われるべきであり、これを明らかに
することは意義あることと考えた。また本章では、英語の聞き取りに対する
語彙知識の影響についても考察を行うが、ここでは、語に対する「なじみ度」
という尺度を用い（cf. Flege et al., 1996; Yamada et al., 1997）、語の聞き取りと
の相関関係について考察する。調査は、2 音節語の聞き取りを対象としたもの
と、1 音節語の聞き取りを対象としたものの 2 つを実施している。以下におい

1）本章は、Enomoto（2003）に加筆したものとなる。

て、それぞれの調査について報告する。

2. 調査 1（2 音節語に関する調査）
2.1　リサーチデザイン（テスト形式）

　調査手法としては、以下（1）に示すように gap-filling test（Buck, 2001, p.70）
を用いた。（　　　　）内に各種の音変化を受けたターゲット語が出現すること
となる。各例文間には、解答用時間として 4.5 秒の無音部を挿入し、調査参
加者には、聞き取った語を、音変化を受けていない元の形（citation form）にて
書き出すよう求めた。各ターゲット語の認知率を集計し、それをもとに、そ
れぞれの音変化規則が語認知に及ぼしている影響の度合いについて考察した。

(1) 問題例：　1. I read an article about（　　　　　）for my essay.

　　　　　　　2. I read an article about（　　　　　）for my essay.

2.1.1　音規則の分類（特徴）

　調査においては、下記(2)に示すような (a) – (m) の 13 の音変化規則(sound
reduction rules) を取り上げた（(a) は音変化の起こらない事例でコントロール
グループとなる）。各音変化規則に対し、それぞれ 4 つの事例（ターゲット語）
を用意し、それらに対する認知率（平均値）を算出した。(a)，(b)，(c) が、調
査における提示順を示している（ターゲット語の具体例、および各音変化過程
の説明については、後の (3) において示す）。(a)，(b)，(c) の順は、テストの
際の提示順を考慮した、ランダム化されたものであるが、基本的に、次に示
すように規則群の中に (A)，(B)，(C) の 3 つのグループを仮定した。

(2)音変化規則のまとめ

　（A）No Sound Reduction – (a)

（B）Single Application of a Sound Reduction Rule

　　① within a word – (b), (c), (d), <u>(e)</u>, (f), (h), (k), (m)

　　　（<u>(e)</u>= deletion of /h/ → **pronouns / function words**）

　　② between words – <u>(i)</u>, <u>(j)</u>（ = palatalization / assimilation of [ð]）

　　　e.g. = *about <u>your</u>; behind <u>your</u>* / *<u>on</u> that, written <u>there</u>*（→ **function words**）

（C）Double Application of Sound Reduction Rules

　　① within a word – (g)

　　② between words –（l）

　1 つ目のグループ（A）は、音変化規則が一切適用されないものである。この事例をコントロールグループとした。この事例に関するターゲット語の認知率が 100% でないとしたら、音変化以外の要因、例えば、(1) 発話速度（natural-tempo speech）に対応できていない、(2) 語彙知識（なじみ度）の影響、などが関係していることが考えられる。2 つ目のグループ（B）は、(a), (g), (1) 以外のもので、1 つの音変化規則のみ適用されるものである。3 つ目のグループ（C）は、(g), (l) のように、2 つの規則が同時に適用されるものであり、より複雑な過程から成るものである。

　規則（e）deletion of word-initial /h/（語頭の /h/ 音の脱落）、規則（i）palatalization of /t, d, s, z/（/t, d, s, z/ 音の口蓋化）、規則（j）assimilation of [ð]（[ð] 音の同化）は、主に機能語に適用されるものとなる。他の規則は内容語に適用されるものであり、ターゲット語の属性に違いがあることとなる。また、規則（i）の口蓋化の過程においては、2 つの音が融合することになるが、ここでは、2 番目の要素（主に機能語の *you / your*）が聞き取れたかどうかを調査の対象とした。

　以下(3)に、各規則と提示したターゲット語を示す（巻末付録 C も参照）。また、各音変化規則についての説明を事例の後に示す（cf. Brown, 1990; Roach, 2000; Crystal, 2002; Shockey, 2003）。各例文の後に母音記号（[æ] など）が記し

てあるのは、関係のターゲット語が、日本語話者にとって知覚が難しい母音を含んでいることを示している（第2章参照）。また、同じく、一部ターゲット語の後に付けられた [3] の数字は、当該の語が 3 音節語であることを示している。

(3)使用された音変化規則と関連のターゲット語について

(a) No sound reduction

I read an article about (freedom) for my essay.

(nature)

(labour)

(cancer)   [æ]

(b) Resonant syllabification

I read an article about (poison) for my essay.

(cushions)   [ʊ]

(nations)

(cotton)   [ɑ]

＊この現象では、共鳴音（resonant: /l/, /m/ または /n/）の前にあるシュワー（弱化母音）が脱落し、代って共鳴音が音節を構成することとなる。

(c) Glottalization of word-final /t/

I read an article about (climate) for my essay.

(eyesight)

(benefit)   [ɛ]   [3]

(import)   [ɔːr]

＊この音変化過程においては、語末にある /t/ 音が、歯茎（alveolar ridge）での閉鎖および開放により発音される代りに、声門（glottis）を閉鎖することに

より発音される。この現象は、/t/ 音が語末で母音に後続している場合によく起こる。

(d) **Nasalization of prenasal vowels**

I read an article about（dentists）for my essay.　　[ɛ]

　　　　　　　　　　　　　　（painters）

　　　　　　　　　　　　　　（inventors）　　　　[ɛ]　　　　[3]

　　　　　　　　　　　　　　（phantoms）　　　　[æ]

　＊この音変化は、アクセントを持つ音節内で起こる。母音に後続する鼻音（nasal）が脱落し、母音が、軟口蓋（soft palate）が下降したままの状態で発音されるようになる。

(e) **Deletion of word-initial /h/**

I read an article about（him）for my essay.

　　　　　　　　　　　　　　（her）

　　　　　　　　　　　　　　（her）（achievement）

　　　　　　　　　　　　　　（his）（life）

　＊この現象は、語頭の /h/ 音が脱落する現象であり、強勢を持たない語（通常、代名詞、または助動詞）で起きる。

(f) **Deletion of word-final /d/**

I read an article about（kindness）for my essay.

　　　　　　　　　　　　　　（friendship）　　　　[ɛ]

　　　　　　　　　　　　　　（diamond）　　　　　　　[3]

　　　　　　　　　　　　　　（Holland）　　　　[ɑ]

　＊この現象は、/d/ 音が脱落するというものであり、/d/ 音が、その前後を他の子音に囲まれた場合、すなわち /d/ を真ん中にして子音が 3 つ連続する

場合に起こる。特に /d/ 音が、他の歯茎音（alveolar element）に後続している
場合に起こりやすい。

（g）**Double application of sound change rules（within a word）**

I read an article about（trea<u>t</u>men<u>t</u>）for my essay.

（ha<u>nd</u>bags）

（gra<u>nd</u>parents）

（moun<u>t</u>ai<u>n</u>s）

＊これは、ある語に対し、2つの音変化規則が適用されるケースである。第
1番目の事例 *trea<u>t</u>men<u>t</u>* に関しては、第1音節の終わりにある /t/ が声門化
され（glottalized）、さらに、語末の /t/ が脱落する。2番目の事例 *ha<u>nd</u>bag*
においては、はじめに /d/ が脱落し、次に /n/ が後続する /p/ に同化するこ
とにより [m] として発音されるようになる。結果として [hæmbæg] とい
う表層形が作り出される。3番目の事例 *gra<u>nd</u>parents* は、*ha<u>nd</u>bag* と同じ
音変化過程を経て、[græmpɛərənts] と発音されることになる。最後の事例
moun<u>t</u>ai<u>n</u>s においては、語中の /t/ 音が声門化され、第2音節にある /n/ が
シュワーの脱落とともに音節主音化されることとなる。

（h）**Fricative syllabification**

I read an article about（fatigue）for my essay.

（success）　　　　[ɛ]

（suspense）　　　 [ɛ]

（support）　　　　[ɔːr]

＊この規則は、典型的に「摩擦音＋弱母音＋無声阻害音の連続（fricative ＋
schwa ＋ voiceless obstruent sequences）」に対して適用される。弱母音が脱落
し、摩擦音がより長く発音され、音節を形成するようになる。

(i) **Palatalization of /t, d, s, z/**

I read an article (about) (your) proposals for my essay.

I read an article about a building (behind) (your) house for my essay.

I read an article published (this) (year) for my essay.

I read an article about the (plans) (you) laid out for my essay.

＊この音変化現象は、語末の /t, d, s/ または /z/ に、渡り音 (glide) の /j/ が続いた場合に起こる。口蓋化 (palatalization) により、[tʃ, dʒ, ʃ] または [ʒ] の音がそれぞれ作り出される。この現象は、*you, your, yet, year, usual* といった語により引き起こされることが多い。

(j) **Assimilation of [ð]**

I read an article (on) (that) topic for my essay.

I read an article written (there) for my essay.

I read an article (about) (that) incident for my essay.

I read an article written (in) (that) place for my essay.

＊この現象は、語頭の [ð] が先行する歯茎音 (alveolar consonant) に同化するものである。この現象は、機能語の *the, they, them, these, those, that, this, there, then* において起こる。

(k) **Deletion of word-final /t/**

I read an article about (breakfast) for my essay.　[ɛ]

(sentiment)　　　　[ɛ]　　　[3]

(assessment)　　　[ɛ]　　　[3]

(talent)　　　　　[æ]

＊この現象は、/d/ 音の脱落と同様、/t/ を真ん中にして子音が 3 つ連続する場合に起こる。特に /t/ が、他の歯茎音 (alveolar element) に後続している場合や、/t/ に唇音 (labial) や摩擦音 (fricative) が後続する場合に起こりやすい。

(1) **Double application of sound change rules**（between words）

I read an article published（la<u>st</u>）（year）.

I read an article,（an<u>d</u>）（<u>th</u>ere）was a good opinion.

I read an article,（an<u>d</u>）（<u>th</u>en）started writing my essay.

I read an article about the attitude we（mu<u>st</u>）（show）for my essay.

＊これは、2 つの音変化規則が適用されるケースであり、規則のうちの 1 つが、後続する語の語頭音、もしくは、先行する語の語末音に動機づけられ、語境界をまたいで適用されるものである。最初の *la<u>st</u> year* という句においては、はじめに、*last* の語末の /t/ が脱落し、その後、/s/ が、後続の語における /j/ により口蓋化される。2 番目の句 *and <u>there</u>* に関しては、はじめに *an(d)* の語末の /d/ が脱落し、次に、後続語 *there* における [ð] が /n/ に同化することになる。3 番目の句 *an(<u>d</u>) <u>then</u>* は、*and there* と同じ変化を経る。最後の句 *mu<u>st</u> show* においては、はじめに *must* の語末の /t/ が脱落し、次に *mus(t)* における /s/ が 後続の語 *show* の語頭の /ʃ/ に同化することになる。

（m）**Vowel devoicing plus aspiration**

I read an article about	（papayas）	for my essay.		[3]
	（potatoes）			[3]
	（potential）		[ɛ]	[3]
	（percussion）		[ʌ]	[3]

＊これは、語頭の弱音節において、破裂音（plosive）に後続するシュワーが無声化（devoice）され、続いて音節頭の破裂音の気音（aspiration（閉鎖開放の後に呼気により生じる強い雑音））が、その音節の真ん中の部分までを占めるようになる現象である。

2.1.2 例文を作った際の注意点

本章で扱っている現象は、主に句レベル以上の連結発話レベル（connected

speech-level）で起こるものであり、このレベルでの聞き取りには他の多くの
要因が関係する。調査においては、音変化現象（sound reduction）に集中すべく、
それ以外の要因の干渉を防がなければならないが、主に以下の 4 点を考慮に
入れ、キャリアセンテンスおよびターゲット語（句）について考えた。

(a) 日英語に共通する文節音（segments: consonants/vowels）と音節構造の
　　使用

(b) 2 音節語（一部 3 音節語）の使用

(c) 可能な限り短く、同一のキャリアセンテンスの使用

(d) 十分に「なじみ」があると思われる語のターゲット語としての使用

　はじめに、(a)「日英語に共通する文節音（segments: consonants/vowels）と
音節構造の使用」に関しては、第 2 章、第 3 章で示されたように、日本語にな
い音・音節構造が英語における語認知に影響を与えることが考えられるので、
日本語にも存在する音・音形を用いるべきと考えた。しかし、ここでは、ター
ゲット語に関し、各音変化規則の適用条件を満たすような構造を持っていな
ければならないという条件があったり、また、キャリアセンテンスの意味内
容に合う語でなければならないという条件も関係し、適切なターゲット語を
見出すことが非常に困難であった。結果、これらの要素については、コント
ロールすることができなかった[2]。

　次に (b)「2 音節語（一部 3 音節語）の使用」についてであるが、あまりに長
い語をターゲット語に用いると、音変化が生じようとも、他に語の認知の手

---

2) 第 2 章、第 3 章に示されたように、音素や音節構造における日英語の差異が語認知
　に最も影響を及ぼすのは、主に、日本語にない音素や音節パターンが関係し、ミニ
　マルペアが構成されている時と考えられる。/l-r/ の音素対立など、日本語話者が知
　覚を苦手とする音を含むミニマルペア構成語の聞き取りの問題について次節に示す
　調査 2 において再び取り上げる。

がかりとなる音素（segmental clue）が多く存在し、語の認知が容易になってしまい、音変化の影響を測ることができなくなる可能性がでてくる。このため、この調査では、2音節語を使用することとした（なじみ度のある語をターゲットに用いるべきことや、音変化規則の構造条件を満たさなければならないといった条件もあり、適当な語が見つからない場合には、3音節語を用いた）。

　3点目の(c)「可能な限り短く、同一のキャリアセンテンスの使用」についてであるが、短いキャリアセンテンスの使用というのは、ターゲット語認知に対する統語的・意味的ヒント（syntactic/semantic clues）の排除を意図している。キャリアセンテンスがあまりに長いと、そこに含まれる統語・意味情報がヒントになり、答えとなる語の候補が事前にかなり絞り込まれてくる可能性がある。一方で、キャリアセンテンスなしでは、キャリアセンテンス中に含まれるリズム（韻律）情報がないために、ターゲット語の認知が難しくなったり、また、あらゆる(＝全ての)語が答えの候補になる可能性が出てきて、語彙知識の限られる日本人学習者ではタスクに十分に対応できない可能性が出てくる。このような問題を考慮し、本調査では、"I read an article about（　　　）for my essay."という短めのキャリアセンテンスを用いた。ターゲット語はある程度限定され、調査参加者は、「論文・記事の対象と成り得る、何らかの名詞」が聞き取りの対象語として提示されることを予期することとなる。

　最後に、(d)「十分に「なじみ」があると思われる語のターゲット語としての使用」についてであるが、第一に「知らない語」を用いた場合には、おそらく日本人学習者にはその聞き取りが困難になると考えられる。また、それにより目的とする音変化現象の影響自体を調べることができなくなる可能性が出てくる。このため、十分になじみのあると考えられる語をターゲットに選ぶようにした。「なじみ度（familiarity）」という基準の採用については、これまでに「語の生起頻度（frequency of occurrence）」という要因が取り上げられ、生起頻度の高さが、ターゲット語のより正確でより速い認知に結びつくことが報告されてきているが（cf. Lively et al., 1994）、生起頻度という要因は、英語母語

話者の言語使用を反映した場合が多く（英語母語話者の言語使用に関するコーパスからの抽出）、日本人英語学習者の英語使用実態を正確に反映していない可能性があるため、これに代わり「なじみ度」という概念を採用することとした（cf. Flege et al., 1996; Yamada et al., 1997）[3]。

2.1.3　なじみ度調査

調査においては、十分になじみがあると思われる語をターゲット語として選んだが、確認のため、テスト後、調査参加者に、0 - 5 のスケール（0 ＝ 知らない、5 ＝ 大変なじみがある）で、4技能を含む総合的な観点から各語に対するなじみ度を報告してもらった。このデータを用い、テスト後に語のなじみ度と認知率との相関関係を確認した。

2.1.4　調査参加者

(a) 日本の公立大学英文科所属の日本人学生(3 - 4年生)12名

(b) イギリスの大学に約1年間留学している日本人学生 11名

(c) イギリス人大学生(英語母語話者)4名

留学中の学生を調査参加者に加えたのは、留学中の学生を上級者とみなし、日本にいる大学生(中級者とみなす)との正答率(語認知率)の比較により、各規則の習得パターンや、習得の可能性などについて考察するためであった。イギリス人大学生には、英語母語話者として、テストの妥当性などを調べるために参加してもらった。代名詞など機能語の知覚にミスが出て、正答率は

---

3) 仮に日本人英語学習者に関する(英語)語彙頻度データベースを作成しようとしても、学習者は、母語話者のように1日中英語に接している（聞いている）わけではなく、各人の英語使用頻度に異なりがあるため、学習者の語彙知識や語の使用実態を正確に反映できない可能性が残るように思われる。それよりも「なじみ度」のように、調査参加者から直接得たデータを分析に用いる方が望ましいと考えた。

平均96％であったが、全般的にテスト内容に問題はないと判断した。

2.1.5 調査手順

　調査は、教室において実施された。音声はカセットプレーヤーを用い提示された。はじめに、調査実施者からテストの内容・手順について説明を行った。調査参加者には、"I read an article about （　　　） for my essay."という文中の括弧内に生起する語を書き出すように求めた。説明の後、ターゲット語として *Japan, France* を用いた練習問題2問に取り組み、その後テストを実施した。テスト終了後、解答（各ターゲット語）を示すとともに、調査参加者に各語に対するなじみ度を報告してもらった。調査には全体で約15分程度の時間がかかった。

2.2　調査結果

2.2.1　全体結果

　はじめに、調査結果における際立った特徴についてまとめる。下記図1に示すのは、日本人調査参加者に関する結果であり、各規則における4つのターゲット語の正答率の平均値を表している（各提示語に関する個別データを巻末の付録Dに示す）。上段のグラフはイギリス留学中の学生（JE）のものであり（平均正答率66％）、下段は日本にいる学生（JJ）のものである（平均正答率46％）。際立った特徴として、/h/-deletion, [ð]-assimilation, palatalization などに関係する、音変化を伴った「機能語」の聞き取りが最も難しかったことがあげられる（平均正答率：JE＝約30％、JJ＝約15％）。これらの語に関しては、単音節であり、語を構成する音素（文節音）の数が少なく語の認知の手がかりが少ないこと、アクセントを持たず（弱形）その卓立が低いということが指摘できる。

　機能語に関し、Cutler & Carter(1987)は、会話文中の機能語の出現率が50％以上であると報告するが、発話の大半を占める語のグループに対し知覚能力

を欠くというのは重大な問題であると考えられる。機能語は、内容語に比べ
るとそれほど多くの意味情報を担っておらず、リスニング（意味解釈）上、そ
の聞き取りはそれ程重要ではないと考えることができるかもしれないが(cf. 竹
林・斎藤, 2008, p.166)、聞き取る（同定する）ことができない語が存在すると
いうことは、語境界が曖昧になり、他の語の聞き取り (lexical segmentation) の
妨げとなったり、同時に、学習者にとって聞き取りや会話上での不安につな
がる可能性があると考えられる。

　調査結果から他にこれらの語について指摘できることに、ターゲット語で
あった *him, her, the, that, you, your* に対するなじみ度はほぼ 5 と報告されたが、
そのスコアはほぼ 0 に近かったということがある（付録 D 参照）。このこと

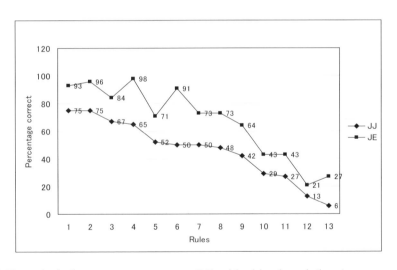

1. No sound reduction
2. Glottalization of word-final /t/
3. Nasalization of prenasal vowels
4. Resonant syllabification
5. Double application of SR rules(within a word)
6. Deletion of word-final /d/
7. Deletion of word-final /t/

8. Vowel devoicing plus aspiration
9. Fricative syllabification
10. Double application of SR rules(between words)
11. Palatalization of /t,d,s,z/
12. Deletion of word-initial /h/
13. Assimilation of [ð]

図 1　調査 1：全体結果

については、機能語は生起頻度が高いので、なじみ度は高くなるものの、日本人学習者の機能語に対する知識が文字や強形に基づくものであったり、常に強形の生起を期待している（それをデフォルトと考えている）ことが原因となっている可能性が考えられる（cf. Roach, 2000, p.112）。

このほか、特に「内容語」に関する結果については、なじみ度との関連で再考が必要となる部分があるため、次節で取り上げることとする。

2.2.2　スコアとターゲットとなった語のなじみ度との 　　　　関係について（内容語）

本項では、機能語と音変化規則が2回適用される事例を除き、ターゲット語が内容語で、規則が1回のみ適用される事例を取り上げる。次頁図2は、各ターゲット語に対するなじみ度（X軸）と、スコア（認知率）（Y軸）の関係を平均値をもとにプロットで表したものである。なじみ度の値が低い場合は、スコア（認知率）も低めとなる傾向があることがわかる（次の項で示すが、なじみ度とスコアには統計的に強い相関があった）[4]。上から3つ目の図は、各事例を、適用された規則名を用い示したものであるが、同じ規則に属す事例でもなじみ度が低い場合にはそのスコアが低くなることが見て取れる。また、この図より、左下のなじみ度が低く、かつスコアの低い部分に、上記図1のグラフで比較的スコアの低かった /t/-deletion（T-DEL と略記する（以下同じ））, /d/-deletion（D-DEL）, vowel devoicing plus aspiration（VDAS）,

---

4) なじみ度が比較的高い語 *support* に対して *sport* といった誤答が目立った。この誤答は音変化を受けた後のターゲット語とミニマルペアをなすものであるが、日本人調査参加者が、/p/ 音に関する帯気の度合いの違いという音声情報を活用できなかったことを示唆している。また、なじみ度も影響して、（おそらくよりなじみのある）*sport* を報告した可能性も考えられる（cf. Flege et al., 1996; Yamada et al., 1997）。この事例に関する調査参加者のパフォーマンスは、図2に示されるように、かなり例外的な（逸脱した）ものと位置づけられるため、後の統計分析の際にはこの事例は除外した。

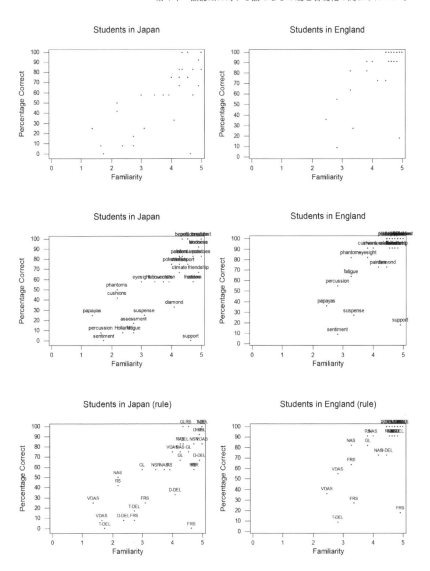

(No Sound Reduction (NSR), Resonant Syllabification (SR), Glottalization (GL),
Nasalization (NAS), /d/-deletion (D-DEL), Fricative Syllabification (FRS), /t/-deletion
(T-DEL), Vowel Devoicing plus Aspiration (VDAS), [なじみ度（平均値）：日本にいる学生
= 3.79, 留学中の学生 = 4.31])

図 2　内容語に SR 規則が 1 回適用される事例に関する語の
なじみ度と認知度の相関について

fricative syllabification（FRS）に関係する例が集中していることがわかる。すなわち、前述の図1のグラフの結果は（内容語で規則が1回のみ適用される事例に関しては）、規則の難易度を反映したものというより、単にターゲット語に対するなじみ度の影響を反映したものにすぎない可能性がでてくる。もしもなじみ度がスコアに影響を与えているならば、結果の再分析が必要となる。次の項において調査結果の統計的再分析を行う。

2.2.3　General Linear Model を用いた分析

　語のなじみ度とスコア（語の認知度）に相関があるならば、それを考慮に入れ全体の分析を行わなければならないが、General Linear Model という統計テストを用い、結果の再分析を行った。各グループの調査参加者に関し、各規則に対して用意された4つのターゲット語から、それぞれの規則のスコア平均値と、なじみ度の平均値を算出し（8 rules（score + fam. rating）× 12 subj. = 96 samples for JJ, 8 rules（score + fam. rating）× 11 subj. = 88 samples for JE）、それぞれの規則同士がどのような関係にあるかを分析した（score = response, rule = factor, familiarity = covariate）。最も重要な点は、規則とターゲット語に対するなじみ度に相互作用があるかどうかということであった。相互作用があるということは、ある規則はなじみ度に敏感で、他のものはそうではないといった状況をいう（この場合、本章で目指すような各音変化規則群に対する難易度の比較（一般化）は不可能となる）。相互関係がないということは、それぞれの規則がパラレルな関係にあるということで、なじみ度とともに各規則のスコアも変動するが、その割合（すなわち、語のなじみ度が各規則のスコアに影響する度合い）は各規則間において同等であるといった状況をいう。

　分析の結果、以下（4）に示すように、日本にいる学生、留学中の学生とも、規則となじみ度の間に相互作用は確認されなかった。また、規則、なじみ度には、それぞれ有意差が確認され、規則、なじみ度がそれぞれ有意なレベル

でスコア（＝語認知の成否）に影響を与えていることが示された。

(4) General Linear Model による分析の結果

　　［日本にいる学生］

　　　　規則となじみ度の相互作用 :　　　$p = 0.408$

　　　　規則 :　　　　　　　　　　　　$p = 0.041$ **

　　　　なじみ度 :　　　　　　　　　　$p = 0.008$ ***

　　　　* なじみ度が 1.0 ポイント上がればスコアが 10.7% 上がる

　　［イギリスに約 1 年間留学中の日本人学生］

　　　　規則となじみ度の相互作用 :　　　$p = 0.619$

　　　　規則 :　　　　　　　　　　　　$p = 0.001$ ***

　　　　なじみ度 :　　　　　　　　　　$p = 0.002$ ***

　　　　* なじみ度が 1.0 ポイント上がればスコアが 8.7% 上がる

　General Linear Model は、なじみ度を排除した場合の各規則の平均値を数学的に算出するが、下記表 1 に、その結果をまとめる。

　表 1 において、nasalization, glottalization などの音変化を受けた語の方が、コントロールグループである No SR よりもスコアが高い（すなわち、語認知への影響が少ない）という結果となっているが、No SR のケースを基準として t-test を行ったところ、No SR とこれらの規則間には有意差は見られなかった。一方で、有意差は、1 つの音が完全に消失するものである /t/-deletion, /d/-deletion といった、音変化（reduction）の度合いの大きな規則において確認された。2 音節語でも、変化の度合いの大きな規則は、語の聞き取りに影響を与え得るということが示された。（Fricative syllabification に関しては、それに対する説明を持たないが、語頭で音変化が起こるということが関係したかもしれない。辞書の見出し同様、語認知においては、語頭の音韻

情報が重要となる（cf. Shockey, 2003, p.92））[5]。

表1　語のなじみ度の関わりを除外した場合の各規則の平均スコアと
規則間における差異

［日本にいる学生］			［留学中の日本人学生］		
［規則］	［スコア］	［t-test］	［規則］	［スコア］	［t-test］
Nasalization	72.02	(*p*-value)	Resonant Syll.	95.59	(*p*-value)
Glottalization	69.66		Glottalization	93.32	
No SR	65.04	-Control-	No SR	89.66	-Control-
Resonant Syll.	62.76		/d/-deletion	87.19	
V-devoice Asp.	55.86		Nasalization	86.32	
/t/-deletion	53.27	0.22	V-devoice Asp.	77.94	0.79
/d/-deletion	46.69	0.06 *	/t/-deletion	72.78	0.012 **
Fricative Syll.	44.24	0.03 **	Fricative Syll.	67.65	0.001 ***

3.　調査 2（1 音節語に関する調査）

　英語を "mono-syllabic" language と呼ぶことがあるが、Cutler & Carter （1987, p.137） は London-Lund Corpus of English Conversation を調べた結果、全内容

---

5) 参考として、日本にいる学生のデータに関して、語認知に影響を与えていると判断された /d/-deletion, fricative syllabification に関係する事例、および例外的であった *support* を除いた場合の、語の認知度となじみ度の相関をプロットとして提示する。図より正の相関関係が確認される。

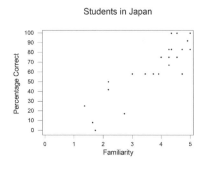
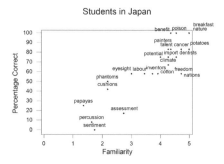

語のうち単音節語の占める割合が 59% にのぼったと報告している。このよう
に会話中での出現頻度が高く、かつ、語認知の手がかりとなる語を構成する
音素の数（segmental clue）の少ない語に対する対応力を調べることも重要であ
ると考え、1 音節語も含めたかたちで再度調査を行った。（この調査は、調査
1 から約 1 年後に別の調査参加者に対して実施された。）

3.1　リサーチデザイン

　先に調査 1 に用いた 2 音節語（内容語）の事例に対して、（同じ規則の適用
を受ける）1 音節語の事例を用意し、各ケースにおける語の認知率について
比較を行った。調査に用いた規則は、音変化の適用されない事例（no sound
reduction）をコントロールグループとし、glottalization, /d/-deletion, /t/-deletion
であった。巻末の付録 E に、用いられた規則・例文を示しておく。1 音節語
の例はそれぞれ 6 例から、2 音節語の例は 4 例から成っておりアンバランスな
面があるが、2 音節語に関してはこれ以上適当な事例を見出すのは困難であり、
平均値を用いることにより事例数（ターゲット語数）の違いを補おうと考えた。
　音変化規則の影響度の比較に関しては、前述の no sound reduction,
glottalization, /d/-deletion, /t/-deletion を調査対象としたが、他に、調査 1 で用
いた機能語に関わる事例と、日本語話者が聞き取り（聞き分け）を苦手とする
/l-r/, /s-θ/, /b-v/ の対立に関係するミニマルペア（ペアのうちの片方の語）も調
査に含めた（調査における提示語については、付録 E を参照）。調査参加者に
は、調査 1 同様、聞き取り調査終了後に、ターゲットとなった語に対し 0 - 5
スケールによるなじみ度のチェックも行なった。

3.1.1　**調査参加者**

　（a）イギリスの大学に約 1 年間留学している日本人学生 11 名
　（b）イギリス人大学生（英語母語話者）6 名

3.1.2　調査手順

調査手順は、調査1と同じとなる。

3.2　調査結果

3.2.1　全体結果

図3に全体結果を示す（No SR（2）, No SR（1）, Deletion of /t/（2）, Deletion of /t/（1）などにおける（2），（1）の数字は、ターゲット語が2音節語であったか、1音節語であったかを示している）。英語話者（Native）に関してはほぼ聞き取りに問題はなかったが（正答率平均99％）、日本人留学生（JE）については、規則によって聞き取り率に違いが出た。聞き取り率が顕著に低かったのは、調査1同様、機能語に関する事例（palatalization, /h/-deletion, [ð]-assimilation）

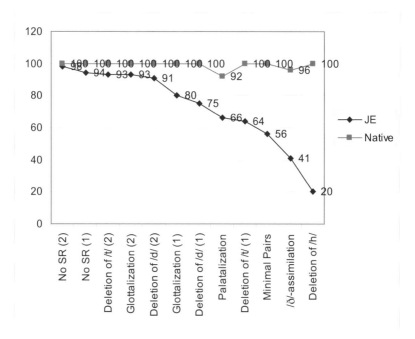

図3　調査2における各規則に関係した語の認知率（平均）について
（英語話者（Native）・日本人留学生（JE））

であった。また、これらの調査に用いられた機能語に対するなじみ度に関しては、調査 1 と同じく、ほぼ 5 と報告された。（各提示語に関する調査結果の詳細に関しては、付録 F を参照）[6)]。内容語に関しては、全般的に 2 音節語の聞き取り率の方が、1 音節語よりも高くなっていることが確認できる。内容語に関する詳細な分析を次項にて行う。

3.2.2　スコアとターゲットとなった語に対する

　　　　なじみ度との関係について(内容語)

　本項では、内容語に関係した事例について考察する。下記図 4 は、日本人留学生に関する調査結果について、各音変化規則に関するスコア・なじみ度の平均値をそれぞれ示したものである。スコアに関して、規則間で違いがあることが確認できる。最もスコアの低いものは、知覚の難しい音素が関係したミニマルペア構成語の聞き取りであった。これは主にミニマルペアが存在する場合に限られるものであるが、日本語にない音素の語認知に対する影響が大きなものであることを示している。一方、この調査では、各ターゲット語に対するなじみ度に関しては、違いはほぼ見られなかった。このことについては、この調査の参加者の中に英語を専攻する方が多かった点、すなわち、十分な語彙力を有した方が調査参加者に多かったという点が影響しているかもしれない（調査対象となる各ターゲット語へのなじみ度の度合いや、音変化規則の影響の度合いは、熟達度を反映して、学習者間において異なってくる）。 次の項において、結果についての再分析(統計分析)を行う。

---

6) 提示語 *yeast* はなじみ度が低く、事例の中でかなり例外的な（逸脱した）ものと位置づけられた。分析の際にはこの事例は除外した（付録 F 参照）。また、提示語 *fund* についても、/d/-deletion 規則適用後の音形 (*fun(d)*) に対し、同じ音形の語 *fun* が存在し、調査参加者がどちらの語を認知したのかわからないという問題があり、この語も分析から除外した。

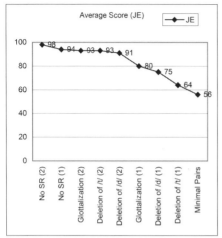
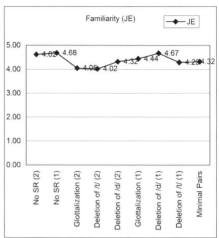

図4　日本人留学生（JE）の各規則に関係したターゲット語の認知率（平均スコア）
　　　（左図）と各ターゲット語に対するなじみ度の平均値（右図）について

3.2.3　統計分析（General Linear Model）

　調査 1 と同様に、調査結果に関し、規則・なじみ度・スコアにおける関係
を General Linear Model を用い分析した。結果として、以下 (5) に示すように、
規則となじみ度に相互作用は確認されなかった。また、この調査では（すなわ
ちこの調査の参加者に関しては）、なじみ度が語認知に与える影響についても
有意差は確認されなかった。一方で、規則が語認知に与える影響に関しては
有意差が確認された。

(5) General Linear Model による分析の結果

　　[イギリスに約 1 年間留学中の日本人学生]

　　　　規則となじみ度の相互作用：　　　$p = 0.970$

　　　　規則：　　　　　　　　　　　　$p < 0.001$ ***

　　　　なじみ度：　　　　　　　　　　$p = 0.541$

　　　　* なじみ度が 1.0 ポイント上がればスコアが 2.7% 上がる

　次に、各規則が語認知にどの程度の影響を与えたかについて分析するため
に、General Linear Model が算出する、なじみ度を排除した場合の各規則の平
均値をもとに結果の再分析を行った。表 2 に示すように、2 音節語で音変化
のかからない事例 (No SR (2)) を基準 (コントロールグループ) として t-test を
行った結果、1 音節語の glottalization, /d/-deletion, /t/-deletion の事例との間に
有意差が確認された。語を構成する音素数がより少ない 1 音節語の場合には、
特に音の脱落などの変化の度合いの大きな規則の適用を受けた場合に、(音変
化規則が適用されない場合の) 2 音節語と比べ語の認知がより難しくなること
が確認された。

表 2　語のなじみ度の関わりを除外した場合の各規則の平均スコアと
規則間における差異

[規則]	[スコア]	[t-test (*p*-value)]
No SR (2)	97.98	-Control Group-
/t/-deletion (2)	93.92	
Glottalization (2)	93.88	
No SR (1)	93.22	0.544
/d/-deletion (2)	91.05	0.378
Glottalization (1)	80.17	0.025 **
/d/-deletion (1)	73.96	0.003 ***
/t/-deletion (1)	63.83	0.000 ***

4.　まとめ

　本調査では、gap-filling test を用い、英単語の認知に対する、語彙知識 (なじ
み度) と音変化の影響について調査を行った。なじみ度に関しては、調査参加
者が報告する各ターゲット語に対するなじみ度とその認知率の相関関係につ
いて調べた。また、各音変化規則が語認知に及ぼす影響については、その影
響の度合いを数値化し、難易度の比較を行った。

　調査結果は主に次の 3 点にまとめられる。第 1 に、語のなじみ度について、
なじみ度と語認知率に強い相関があることが確認された。聞き取りにおいて

は、ある語をただ知っているだけでは十分ではなく、高いなじみ度を有していることが必要であることが示された。調査1の結果からは、80%くらいの認知率を得ようとすれば、当該の語に対し、0-5の度合いで4以上のなじみ度が必要となるということが示唆された（図2、注5参照）。なじみ度がない、もしくは低い場合には、その語の聞き取りに失敗する率が非常に高くなるという点で、なじみ度を高めておくことは、英語の聞き取りにおける必須の条件と考えられる。

　次に、音変化規則に関しても、規則により、語認知に影響を与えるということが確認された。これは、/t/-deletion, /d/-deletion のように、1音素が完全に消失する(発音されない)ケースにおいて顕著であり、特に1音節語のような、その語を構成する音素の数が少ない語に対して影響がより大きいことが確認された。これらの語の認知を妨げるような音変化規則については、規則に関する知識と実際の知覚訓練が必要になると考えられる。

　最後に、音変化を受けた機能語の弱形に対する対応能力の必要性も示唆された。これらのケースに対する認知率は、調査1、調査2いずれにおいても非常に低いものであり、平均30%程度であった。機能語の会話における出現率が5割を超えるものであることを考えると、これらの語を聞き取ることができないということは、重大な問題となる。本調査で示されたように、1年間英語圏に留学している学生でも依然として対応に問題を抱えていることを考えると、認知率向上のための特別な学習法の開発が望まれる。

第5章

短い英文の聞き取りについて ¹⁾

1. はじめに

　本章では、短い英文の聞き取りをもとに、日本人英語学習者がどの程度、ボトムアップ情報およびトップダウン情報を処理・活用できているかについて考察する。これまでに英語リスニング活動に関して、ボトムアップ処理・トップダウン処理それぞれに対し、どの程度の比重を置くべきかについての議論が幾度となく行われてきた。学習者におけるボトムアップ処理能力の欠如を補うべく、学習や活動において「文脈からの類推」といったトップダウン情報の活用により重きを置くべきという主張があったり（Dirven & Oakeshott-Taylor, 1984; Conrad, 1985; O'Malley et al., 1989）、このような「類推」に基づく学習法・処理方略への反動として、ボトムアップ処理の重要性が主張されたり、双方の活動をバランス良く扱うことの重要性が主張されてきた（Brown, 1990; Tauroza, 1990; Norris, 1995; Field, 1998, 2003, 2004; Wilson, 2003）。このような長期にわたる論争の理由の1つに、学習者が英語音声を処理している際に何が起きているのか、すなわち、学習者がどの程度、音声情報（＝ボトムアップ情報）、および意味・文法などのトップダウン情報を処理・活用できているのかが明らかになっていないということがあるように思われる。本章では、日本人英語学習者を対象とし、英語母語話者による英語聴解過程との比

---

1) 本章は、Enomoto(2006)に加筆したものとなる。

較を通して、この問題に関する基礎的データを提示することを試みる。

2. 調査内容について

2.1 リサーチデザインと調査マテリアル

　本調査においては、調査法として"gating 手法"を採用した（Grosjean, 1980, 1985, 1996; Bard et al., 1988）。 Gating 手法については、すでに第3章で紹介をしているが、これは、刺激を一定の単位（msec 単位や語単位）で分断し、それをだんだんと長くしながら提示し、各提示回での調査参加者の反応を観察するという調査法である。ディクテーションのような、調査参加者が一度に数語を記憶し、再生しなければならない調査法とは異なり、gating 手法は、語や文の認知過程を時間軸に沿った形で逐次記述するものであり、語認知過程の詳細な記述や、文脈情報の活用を含めた文処理過程の詳細な記述が可能となる。ここでは、Bard et al. (1988) の研究を参考に、語認知率や語認知パターンを観察しながら、日本人学習者がどの程度ボトムアップ情報およびトップダウン情報を処理・活用できているのかについて考察する。

　調査においては、刺激として、以下に示す9つの短文を用いた。（1）〜（9）の文の順は、調査における提示順と同じである。これらのうち（1）〜（5）の5つの文は「語単位」で分断され、残りの4つは「100 msec 単位」で分断された。後者の提示モードについては、語境界をあいまいにし、調査をより実際の聞き取りの状況に近づけるという目的で採用した（本調査で参考とした Bard et al. (1988) の研究では「語単位で分断・提示」という方法が採られている）。これら9つの文には、音変化や機能語が連続するケースといった、日本語話者による英語の聞き取りを阻害する可能性のある要因が含まれている（Henrichsen, 1984; Brown, 1990; Roach, 2000; Shockey, 2003）。例を挙げると、（6）,（8）の文は、機能語が連続するケースを含んだものとなる。(4),（7）,（9）の文は、第3章で紹介したように、開放を伴わない /k/ 音（unreleased /k/）を含んだものとなる。ほかに、同化や音脱落の現象が含まれている。

調査に用いられた刺激文について：

[word-version]

(1) Jane reported her ideas about the project in the lecture.
                     (a)   (b) (c)
    (a) /h/-deletion,　(b) unreleased /k/,　(c) [ð]-assimilation

(2) Jane booked a flight for her business trip.
               (a)   (b) (c)
    (a) unreleased /k/,　(b) glottalization,　(c) /h/-deletion

(3) You should remind yourself about your schedule.
                     (a)   (b)
    (a) palatalization,　(b) palatalization

(4) Jane knocked on the front door but nobody answered.
          (a)   (b)   (c)   (d)
    (a) unreleased /k/, (b) [ð]-assimilation,　(c) /t/-deletion,　(d) glottalization

(5) Jane urged her pupils to go and watch the film.
                        (a)
    (a) /d/-deletion

[100 msec version]

(6) Have you been there before ?
                 (a)
    (a) [ð]-assimilation

(7) Jane asked her friend to buy her a drink.
         (a)   (b)   (c)
    (a) unreleased /k/,　(b) /d/-deletion,　(c) /h/-deletion

(8) Will you be here tomorrow ?

(9) Jane baked a cake to serve at the meeting.
         (a)   (b)
    (a) unreleased /k/,　(b) unreleased /k/

刺激文は、音響に配慮された部屋において女性のアメリカ英語話者によって読み上げられ、MD に録音された。録音物は、22kHz サンプリングレートでデジタル化され、編集された。

　刺激の作成方法についてまとめると、「100 msec 単位」で編集されたものについては、文頭から 100 msec の倍数で自動的に例文を区切っていった。文末において、端数（100 msec 以下の長さのユニット）が生ずることがあったが、これらは、最後から 2 番目のゲートに付け加えた。（この処理に関し、2 点、例外が発生した。(6), (8) において、文末の語 before, drink が句末伸長（phrase-final lengthening）（Oller, 1973; Cooper & Paccia-Cooper, 1980; Gussenhoven, 1991）により、かなり長くなって発音されており、これらの語は文末よりかなり前の位置で認知可能と思われた。このため、これらの文に関しては、文末と文末から 2 番目の部分を、文末から 3 番目の部分に加えた。）

　「語単位」で分断・提示した刺激文に関しては、後続する語の語頭と考えられる部分の直前までを 1 つのゲートとした。語境界は、音声波形やスペクトログラムの観察、および音声再生により確認した。具体的には、後続の語が母音で始まる場合には、スペクトログラムを観察し、母音のフォルマントが発生する位置にゲート境界を定めた。後続の語が破裂音・摩擦音で始まる場合には、ゲート境界を、破裂（開放）の開始位置、または摩擦が始まる位置と定めた。同時調音（coarticulation）や音変化により語境界を見出すのが困難なケースもいくつか存在した。このうち、<u>in the</u> lecture, <u>on the</u> front door における、[ð] が先行する鼻音に同化するケースについては、境界を鼻音の真ん中の位置とした。他の、remind<u>yourself</u>や about<u>your</u> のような口蓋化（palatalization）が関係するケースについては、[d], [t] 音の末端を見出すことがほぼ不可能であり、ゲート境界を [dʒ], [tʃ] の終端部と定めた。興味深いことに、この処理の結果、多くの英語話者が（また日本人調査参加者の一部も）、このように処理された remind における [dʒ] や about における [tʃ] を聞いた際に、それぞれ yourself, your を推測できていた（cf. Kaisse, 1985, p.37）。

　このほかの編集として、聞き取った語の報告に十分な時間を与えるため、各ゲートにおいて、刺激語（句）提示後、3.5 秒で始め、以後各提示回 0.5 秒ずつ増やしていき最大 7 秒のポーズを挿入した（cf. Bard et al., 1988, p.307）。ポーズの挿入、および刺激語（句）が繰り返し提示されることから、1 つの文の聞き取りに平均 2 分程度の時間がかかった。全体では調査実施に 1 人当たり 20 分程度の時間がかかった。

2.2　調査参加者

　日本語話者としてイギリスの大学に約 1 年間留学している日本人学生 10 名、英語話者としてイギリス人大学生 10 名が調査に参加した。日本人参加者は、第 3 章の調査 1、調査 3 にも参加している。本調査は、調査 3 から約 2 か月後に実施された。

2.3　調査手順

　調査は、音響に配慮された部屋で個別に実施された。本調査の前に、"I study Japanese."という文を 100 msec 単位で編集した例を用い調査内容の説明を行った。調査参加者には、短い英文が、語単位および 100 msec 単位で、だんだんと長くなりながら提示されることを説明し、各提示回において、提示された、もしくは提示されていると思った語を書き出すこと、また聞き取ることのできた新しい語のみ書き出せばよいことを伝えた。解答は、語単位で刺激文を提示したケースに関しては、12 の行を引いた用紙に、また 100 msec 単位で提示したケースに関しては、24 の行を引いた用紙の上に書き出してもらった。調査参加者には、解答用紙上に引かれた行の数が、提示される例文に含まれる語の数を示すものではないことも伝えた。刺激文は、MD からヘッドホンを通じて提示された。テスト終了後、調査参加者に、0 − 5 のスケールを用いて各ターゲット語に対するなじみ度も報告してもらった(0 は「知らない」、5 は「対象の語をとてもよく知っている」を示す)。なじみ度につい

ては、4技能を考慮した形で、総合的に判断してもらうように求めた。結果
分析は、提示語を正しく聞き取る（書き出す）ことができたかどうかに基づき
行った。スペリングミスについては、スペリングミスを伴って報告された語が、
ターゲット語と異なる、別の意味の語になっていない限り許容した。

3. 結果

3.1 全体的な結果

　はじめに全体的な結果について報告する。下記図 1 は、日本語話者、英語
話者、双方の調査参加者に観察された "immediate recognition"、"delayed (late)
recognition"、"missed recognition" の割合についてまとめたものである。刺激
文を「語単位」で提示した場合と「100 msec 単位」で提示した場合について、そ
れぞれまとめられている。"Immediate recognition" とは、刺激語が提示され
た際、当該ゲート内ですぐにその語を聞き取ることができた場合を、"delayed
recognition" は、刺激語が、提示されたゲートでは認知されなかったが、後
続のゲートで遅れて認知された場合を、また "missed recognition" は、刺激
語の聞き取りができなかった場合を指している（cf. Grosjean, 1985; Bard et al.,
1988）。図 1 の分析（平均値算出）においては、機能語と内容語の区別はされ
ておらず、双方がまとめて処理されている。

　結果として、英語話者に関しては、刺激文の知覚処理にほぼ問題がなかっ
たことが確認できる。英語話者は、"immediate recognition" の割合が示すよう
に、ほぼすべての語を初回提示において聞き取っている（刺激文を「語単位」で
提示した場合においては平均 93%、「100 msec 単位」で提示した場合において
は 99% の割合であった）。これとは対照的に、日本語話者の語の認知率は低
いものであり、"immediate recognition" の割合は、「語単位」で提示した場合に
おいて 77%、「100 msec 単位」で提示した場合において 75% であった。後続
の文脈が提示されてから該当の語が認知される "delayed recognition" の割合は、
刺激文を「語単位」で提示した場合で 10%、「100 msec 単位」で提示した場合で

9% であった。文全体の情報が提示されても該当の語が認知されない "missed recognition" の割合は、「語単位」で提示した場合で 13%、「100 msec 単位」で提示した場合において 16% であり、日本語話者において知覚ミスの割合が高いことが確認できる。

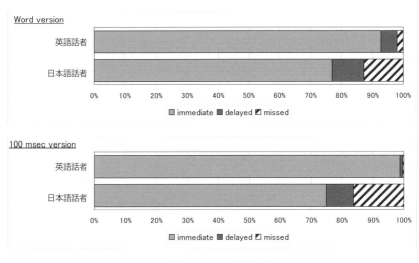

図 1　gating 調査における全体結果について

　次に示す図 2 と図 3 は、全体結果を、語の種別（1 音節語、2 音節語、機能語）に基づき分析したものであり、より詳細な分析結果となる[2]。刺激文を「語単位」で提示した場合と「100 msec 単位」で提示した場合のそれぞれの結果についてまとめられている。双方の図より、日本語話者の「機能語」の知覚率が非常に低いものであったことがわかる。これは、図 3 における、語境界が明示的になっていない、「100 msec 単位」で刺激文を提示した場合において特に顕著であり、28% の割合で知覚ミスが発生している。また、日本語話者に関し、語認知の際の手がかりとなる、語を構成する音素の数が少ない 1 音節語の方

---

[2] *reported, tomorrow* などの 3 音節語については、2 音節語のグループに含めて処理を行った。以下全ての分析において同様である。

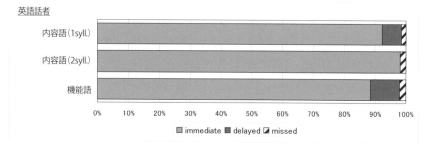

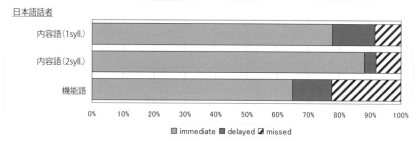

図2　刺激文を「語単位」で提示した場合の各語の認知率について

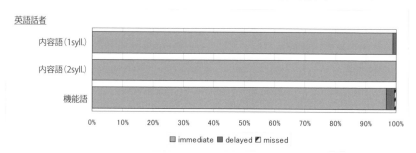

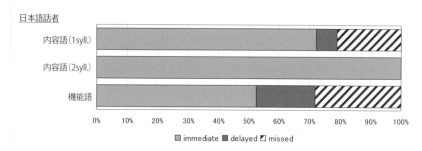

図3　刺激文を「100 msec 単位」で提示した場合の各語の認知率について

が、2 音節語よりも認知率が低いことも確認することができる。図 3 の刺激文を「100 msec 単位」で提示した場合においては、21％の割合で 1 音節語が認知できていない。日本語話者が、語彙特性による影響を強く受けていることがわかる。

　以下の節においては、"immediate recognition"、"successful recognition"、"delayed recognition" それぞれにおける、ターゲット語の認知パターンを確認し、文脈情報の活用なども含め、異なった角度からの分析を行う。

3.2　Immediate recognition

3.2.1　Immediate recognition における全体結果について

　表 1 と表 2 は、"immediate recognition" について、刺激文を「語単位」で提示した場合と「100 msec 単位」で提示した場合のそれぞれの結果についてまとめたものである。内容語（1 音節語、2 音節語）と機能語に分類して、それぞれのケースにおける語の認知率がまとめられている。表 1 の刺激文を「語単位」で提示した場合に関しては、ターゲット語が第 1 回目の（初回の）提示で認知されたかどうかが示されている。また表 2 の「100 msec 単位」で提示した場合については、ターゲット語が、語末を含むゲートまでに認知されたかどうかが示されている。

　英語話者に関しては、表 1 の刺激文を「語単位」で提示した場合において、1 音節語と機能語の認知率が少し低いものの、全般的に表 1、表 2 におけるスコアは高く、刺激語が提示されると、それらがすぐに認知されていたことがわかる。英語話者による音声刺激の分析が非常に正確なものであり、また先行文脈の情報の活用にも長けていることが示唆される。

　一方で、日本語話者の語認知率は英語話者に比べ低いものであり、どちらの表からも、初回提示の際に、ターゲット語を聞き取ることができなかったケースが多かったことがわかる。特に、機能語および 1 音節の内容語の聞き取りが困難であったことが確認できる。日本語話者と英語話者の聞き取り率

に関して、表 2 の、刺激文を「100 msec 単位」で提示した場合における 2 音節語の聞き取りを除き、全てのケースにおいて統計的有意差が確認された（Chi-square test, $p < .01$）[3]。

表 1　Immediate Recognitions（語単位で提示）

	内容語 （1 音節語）	内容語 （2 音節語）	機能語
英語話者	92%（120 / 130）	98%（108 / 110）	89%（177 / 200）
日本語話者	78%（101 / 130）	88%（97 / 110）	65%（130 / 200）

表 2　Immediate Recognitions（100msec 単位で提示）

	内容語 （1 音節語）	内容語 （2 音節語）	機能語
英語話者	99%（89 / 90）	100%（30 / 30）	97%（155 / 160）
日本語話者	72%（65 / 90）	100%（30 / 30）	53%（84 / 160）

3.2.2　日本語話者による immediate recognition に影響を与えた要因について（内容語の場合）

　日本語話者による聞き取りにおいて、内容語の immediate recognition に対して影響を与えたと考えられる要因がいくつか存在した。これらの要因のうちの 1 つに、ターゲット語のなじみ度があった。下記図 4 (a), (b) は、調査に参加した日本語話者により報告されたターゲット語に対するなじみ度と、各語の認知率の平均値をプロットで示したものである。X 軸は報告された各語に対するなじみ度を、Y 軸は各語の認知率を示している。図 4 (b) では、各ドットに対応する単語をそれぞれ表記している。これらの図から、各語に対するなじみ度と認知率に相関があることが確認できる。Pearson Correlation

---

3) 関係する事例の数が 5 以下の場合には、検定に Fisher's exact test を用いた。

(a)

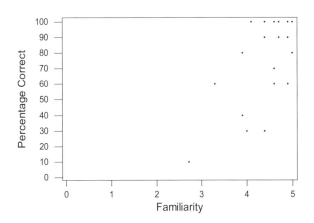

(b)

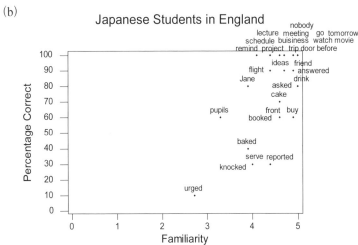

図4　"immediate recognition" と語のなじみ度の相関について

test による検定では、p 値は、0.000 であった[4]。

---

4) 実際には、分析対象となっているターゲット語の認知には、なじみ度以外の要因も
関わっているので、ここでの一般化は厳密なものとは言えない。例えば、第 3 章
で報告したように、*baked, knocked* の認知には、開放を伴わない /k/ 音（unreleased
/k/）に対する知覚能力も関係してくるが、これらの単語もプロット中にそのまま提

各語の認知（immediate recognition）に影響を与えたと考えられる他の要因に、提示の順（文頭から近いか、遠いか）といった要因が考えられる。図4（b）からは、文頭に近い位置にあった動詞 urged, knocked, reported, baked の認知率が低かったことがわかる。文頭に近い位置は、それまでに認知された語の数が少なく、意味・文法に関わる文脈情報の蓄積が少ないため、語の認知が難しくなると言えるかもしれない。また、ここで言及している動詞が、reported を除き、他の語は1音節語であることも指摘できる。同様に serve, front, buy など他の1音節語の認知率も低くなっており、日本人調査参加者が、語の長さという要因からの影響も受けていたことが観察される。（各語の認知パターンの詳細については、巻末の付録G、Hを参照のこと）。

　これらの結果は、以下に示す Bard et al.（1988, p.399-400）が英語母語話者に対して行った調査の結果に類似したものであった。Bard et al. が指摘する要因に、本書第2章から第4章で指摘した、音素知覚、音変化現象の干渉を加えたものが、日本人学習者の英語リスニング（immediate recognition）の特徴と言うことができるかもしれない。

Bard et al.（1988）による指摘：

(a) Longer words (as measured in milliseconds), content words (nouns, verbs, adjectives, etc.), and words further from the beginning of an utterance were more likely to be recognized on their first presentation. (p.399)

(b) Function words (conjunctions, prepositions, articles, auxiliary verbs, etc.), shorter words (measured in milliseconds), and words closer to the beginning of the utterance were more likely to be recognized late or not at all. （pp.399-400）

　示されている（参考として示すと、baked, knocked, booked に関するデータを削除し、残りのターゲット語を対象として検定をかけた際の p 値は 0.001 であった）。

3.3　Successful recognition

　下記表3、表4、および表5は、Bard et al.（1988）において、"successful recognition"と定義されているケースについてまとめたものである。Successful recognition は、刺激文が文末まで提示された時点、すなわち、全ての音声・文脈情報が利用可能となった時点で刺激語が認知されていたことを示す。表3、表4は、それぞれ、「語単位」、「100 msec 単位」で刺激文を提示した場合の結果をまとめたものである。双方の提示モードにおいて、英語話者の語認知率は100%に近いものであった。一方、日本語話者は語認知率がより低い傾向にあり、「100 msec 単位」で刺激文が提示された際の2音節語の認知を除き、双方の参加者の聞き取り率に統計的有意差（$p < .05$）が確認された。すべての文脈情報が提示された場合でも、日本語話者の語認知（文処理）が十分なものではなかったことがわかる。

　また、表5は、「語単位」と「100 msec 単位」の双方の提示モードの結果を合算したものであるが、英語話者は、文末まで音声を提示された際に、ほとんど全ての語を認知できていたのに対し、日本語話者においては、1音節語のうち約14%を、機能語においては約25%を認知できていないという結果になった。

表3　Successful Recognitions（語単位で提示）

	内容語 （1 音節語）	内容語 （2 音節語）	機能語
英語話者	98%（128 / 130）	98%（108 / 110）	98%（196 / 200）
日本語話者	92%（119 / 130）	92%（101 / 110）	78%（155 / 200）

表4　Successful Recognitions（100msec 単位で提示）

	内容語 （1 音節語）	内容語 （2 音節語）	機能語
英語話者	100%（90 / 90）	100%（30 / 30）	99%（159 / 160）
日本語話者	79%（71 / 90）	100%（30 / 30）	72%（115 / 160）

表 5　Successful Recognitions
（語単位・100msec 単位提示の双方の結果を合算したもの）

	内容語 （1 音節語）	内容語 （2 音節語）	機能語
英語話者	99%（218 / 220）	99%（138 / 140）	99%（355 / 360）
日本語話者	86%（190 / 220）	94%（131 / 140）	75%（270 / 360）

3.4　Delayed（late）recognition

3.4.1　Delayed（late）recognition に関する全体結果

　Successful recognition に属する事例のうち、いくつかの語はその語末が
含まれた提示回（gate）よりも後の提示回において、後続する他の語が提示
された際に、遅れて認知された。表 6 と表 7 はこのような"delayed（late）
recognition"のケースについてまとめたものである。（文末位置にある語の聞
き取りデータについては、これらの語は 1 度のみ提示され delayed recognition
の機会がないという理由から考察より除外している）[5]。

表 6　Delayed Recognitions（語単位で提示）

	内容語 （1 音節語）	内容語 （2 音節語）	機能語
英語話者	7%（8 / 118）	0%（0 / 68）	10%（19 / 196）
日本語話者	17%（18 / 109）	6%（4 / 62）	16%（25 / 155）

---

[5]　この認知パターンについて、Grosjean（1985）は"delayed recognition"、Bard et
al.（1988）は"late recognition"という表現を用いているが、ここでは、delayed
recognition という表現を用いる。

表 7　Delayed Recognitions（100msec 単位で提示）

	内容語 （1 音節語）	内容語 （2 音節語）	機能語
英語話者	1%（1 / 80）	0%（0 / 0）	3%（4 / 159）
日本語話者	14%（9 / 63）	0%（0 / 0）	23%（27 / 115）

英語話者については、1 音節の内容語と機能語に関し delayed recognition の事例が観察された。刺激語を「語単位」で提示した場合に、1 音節語で 8 例、機能語で 19 例、また、「100msec 単位」で提示した場合には、1 音節語で 1 例、機能語で 4 例観察された。これらは、双方の提示モードに関係した全ての successful recognition のケースのうちの 5 ％（621 件のうち 32 件）を占めていた。この割合は、全ての successful recognition のうちの 21% に delayed recognition を確認したとする Bard et al.（1988）の報告よりも低いものとなるが、この理由については、調査に用いられた刺激語と刺激文のタイプの違いによると考える。Bard et al. の調査で用いられた刺激は、日常会話をもとにしたコーパス（spontaneous, conversational speech corpora）から採用されたものであった。一方、本調査における刺激は、比較的シンプルな語彙と構文を用い、音響管理された部屋で録音されたものであり、使用語彙・発話速度等に違いがあったと考えられる。

日本語話者に観察された delayed recognition の割合は、どちらの調査環境においても、英語話者のものよりも高いものであり、全体平均で、16%であった（確認された 504 の successful recognition のうち 83 件）。これより、日本語話者による英語の認知処理が、英語話者に比べ、より「遅れた」ものとなっていたことが指摘できる。

3.4.2　日本語話者による後続文脈の活用について

Gating 手法においては、delayed recognition に関する事例から、語の認

知に対する後続文脈（subsequent context）の活用について観察することが可能である。Bard et al.（1988, p.398）は、delayed recognition を、"sequential recognition"、"simultaneous recognition"、"non-sequential recognition" の 3 つの下位グループに分類し、語認知における後続文脈の影響を調べている。この項においては、Bard et al. の分析を参考に、日本語話者による後続文脈の活用能力について考察する。

　はじめに、Bard et al. の定義する、delayed (late) recognition における 3 つの下位グループについてそれぞれ説明する。"Sequential recognition"とは、ある語が最初の提示回では認知されず、後の提示回において、後続する他の語が認知される前に、認知されるようなケースを言う。Bard et al. は、このケースは、後続文脈の影響を示すデータとはならず、知覚対象が時間的に遅れて知覚されたものであるとコメントしている。次に、"simultaneous recognition"とは、ある語が最初の提示回では認知されず、後の提示回において、他の（後続の）の語が認知されるのと「同時」に認知されるようなケースを指す。Bard et al. は、このケースでは、後続の語の意味・統語情報が、聞き取ることができなかった語の認知に活用された可能性があるとコメントしている。最後に、"non-sequential recognition"は、ある語が最初の提示では認知されず、続く提示回において、後続の語が認知された「後」に認知されるようなケースを言う。彼らは、このタイプの delayed recognition が、後続文脈の影響（活用）についての最も強い証拠を示すものであると述べている。Bard et al. は、自らの調査における delayed (late) recognition の認知パターンの分布が、下記図 5 の通りであったと報告している [6]。

---

6) Delayed recognition のどの認知パターンにも言えることであるが、知覚対象が、刺激が繰り返し提示されたことにより認知された可能性も否定できないと思われる。Gating 手法には、繰り返し提示の影響が常に含まれると考えられる。

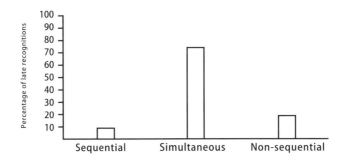

図 5　英語話者による delayed (late) recognition における
認知パターンの分布について

（Bard et al., 1988, p.399 より（n = 3,556; sequential recognition = 9%, simultaneous
recognition = 73%, non-sequential recognition = 18%)）

　本調査における、日本語話者に関する結果は、下記図 6 の通りであった（こ
こでは、Bard et al. と調査条件が同じものである「刺激文を語単位で提示した
ケース」に関するデータのみ提示する。) 図 6 より、各下位グループの分布が、
英語母語話者のデータと比較的類似していることがわかる。一方で、後続文
脈の情報活用に関係しない sequential recognition の割合が多いことと、non-
sequential recognition の割合が低いことも指摘できる。この理由について、
sequential recognition の割合の高さに関しては、刺激の繰り返しの提示に頼っ
ていた可能性があること、また non-sequential recognition の割合の低さに関し
ては、日本語話者が英語話者ほどには、（英語における）後続文脈中の意味・
文法情報の利用に長けていないことが原因しているのではないかと考えた。

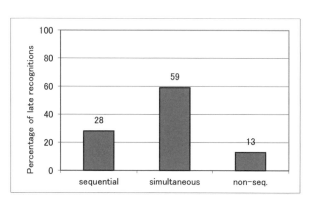

図6 日本語話者による delayed (late) recognition における認知パターンについて
（刺激文を「語単位」で提示した場合）

　以下の項において、日本語話者に関するデータ詳細を提示するが、本調査におけるサンプル数がそれほど多くないことから、ここでは、"sequential recognition"のケースについては省略し、後続文脈の情報活用が関係すると考えられる"simultaneous recognition"と"non-sequential recognition"の2つのケースに焦点を当てて考察を行うこととする。（また英語話者に関する事例については、事例数が限られていることもあり、後の 3.5.1 項の誤答分析の部分において言及することとする。）

3.4.2.1　日本語話者に観察された "simultaneous recognition" について

　はじめに、日本語話者に確認された "simultaneous recognition" の割合については、刺激文を「語単位」で提示した場合において、59%（delayed recognition 全 47 事例のうち 28 ケース）、また「100 msec 単位」で提示した場合においては、39%（delayed recognition 全 36 事例のうち 13 ケース）であった（Bard et al. は、彼らの英語話者を対象とした調査において、delayed recognition のケースのうち 73% が "simultaneous recognition" であったと報告している）。Simultaneous recognition が観察された語には、下記のものがあった。（括弧内の数字は、該当の語が確認された回数を示す。）

(1) 日本語話者において "simultaneous recognition" が観察された語：

(a) 「語単位」で提示した場合： knocked (5) / front (3) / her (3) / the (3) /

pupils (2) / but (2) / and (2) ideas (1) / you (1) /

your (1) / a (1) / in (1) / on (1) / for (1) / to (1)

(b) 「100 msec 単位」で提示した場合： baked (2) / will (2) / her (2) /

a (2) / to (2) / at (2) / be (1)

Simultaneous recognition の具体例を下記に示す。

(2) "simultaneous recognition" の具体例：

(a) 「語単位」で提示した場合： (i) *Jane knocked on the front door but nobody answered.* における *knocked* と *front*、(ii) *Jane reported her ideas about the project in the lecture.* における *the* (2 か所)が該当する。

(i)

Number 4 (word)

(ii)

Number 1 (word)

(b)「100 msec 単位」で提示した場合：（i）*Jane asked her friend to buy her a drink.* における <u>her</u> が該当（7th gate で語末を提示）、（ii）*Jane baked a cake to serve at the meeting.* における <u>baked</u> が該当する（6th gate で語末を提示）。

(i)

Number 2 (100 msec)

Line	Text	Timing
1	Jan	
2	Jane	
3	a	(Jane: 220 msec)
4	ask	
5		
6	asked the delay	(asked: 531 msec)
7	f	(her: 618 msec)
8	frie	
9	her friend	
10		(friend: 1011 msec)
11	to	(to: 1071 msec)
12	buy	
13	a	(buy: 1300 msec)
14	a	(her: 1384 msec)
15	a	(a: 1463 msec)
16	a d	
17	dri	
18	drink	
19	drink .	(drink: 2015 msec)
20		
21		
22		
23		
24		

(ii)

Number 4 (100 msec)

Line	Text	Timing
1	Ja	
2	Jane	
3	Jane	
4	be	(Jane: 309 msec)
5	beg	
6	begged delay	(baked: 570 msec)
7	beg I	(a: 628 msec)
8	he ca	
9	baked a cake	(cake: 892 msec)
10	to	
11	to s	(to: 1051 msec)
12	sur g+	
13	serve!	(serve: 1300 msec)
14	serve	
15	serve with	(at: 1456 msec)
16	serve the mi	(the: 1502 msec)
17	meat	
18	meeting	
19	meeting .	
20		(meeting: 2070 msec)
21		
22		
23		
24		

102

3.4.2.2 日本語話者に観察された "non-sequential recognition" について

日本語話者に確認された "non-sequential recognition" の割合は、刺激文を「語単位」で提示した場合において、13%（delayed recognition の 47 事例のうち 6 ケース）、また「100 msec 単位」で提示した場合において、25%（delayed recognition の 36 事例のうち 9 ケース）であった（Bard et al. は、彼らの調査において、英語話者による delayed recognition のケースのうち 18% が "non-sequential recognition" であったと報告している）。Non-sequential recognition が観察された語には、下記のものがあった。

(3) 日本語話者において "non-sequential recognition" が観察された語：
  (a)「語単位」で提示した場合：her (1) / in (1) / a (1) / flight (1) /
  knocked (1) / urged (1)
  (b)「100 msec 単位」で提示した場合：will (4) / you (2) / a (1) / the (1) /
  her (1)

Non-sequential recognition の具体例を下記に示す。

(4) "non-sequential recognition" の具体例：
  (a)「語単位」で提示した場合：(i) *Jane booked a flight for her business trip.* における *flight*、(ii) *Jane urged her pupils to go and watch the film.* における *urged* が該当する。

  (i)

  Number 2 (word)

(ii)

Number 4 (word)

```
1   Jane
2        added
3             your
4                 pupils
5                       to
6                          go
7                             and
8                                watch
9   urged                        the
10        delay                      movie.
11
12
```

(b)「100 msec 単位」で提示した場合：*Jane baked a cake to serve at the meeting.*
における *a* と *the* が該当する（*a* は 7th gate で、*the* は 16th gate で語末が
提示された）。

Number 4 (100 msec)

```
1   Jane
2   Jane
3   Jane
4   Jane baked                        (Jane: 309 msec)
5   Jane
6   Jane              delay           (baked: 570 msec)
7   Jane      it                      (a: 628 msec)
8         a   cake
9         a   cake                    (cake: 892 msec)
10                  a
11              this                  (to: 1051 msec)
12                  a          x.
13              thiser                (serve: 1300 msec)
14          the service
15      this  serve then              (at: 1456 msec)
16                        meeting     (the: 1502 msec)
17
18
19            service the meeting
20                                    (meeting: 2070 msec)
21        x
22            delay
23
24
```

これらの simultaneous および non-sequential recognition の事例より、日本語
話者が、最初の提示で聞き取ることができなかった語を、後続文脈の意味・
文法情報を活用して認知したことがわかる。すなわち、日本語話者は文脈情
報（トップダウン情報）を活用しながら語の認知を行っていると言うことがで

きる。

　しかしながら、一方で、(1) 知覚にミスした事例（missed recognition）の割合や、(2) 日本語話者が報告した意味的または統語的に逸脱した事例を考慮に入れると、日本語話者のトップダウン（文法）情報を活用する能力が完全なものではないことがわかる。例えば、知覚にミスした事例に関し、機能語の知覚を例にとると、*Jane reported her ideas about the project in the lecture.* という刺激文に対して、調査参加者 10 名全員が *project, lecture* という語を聞き取ったが、これらの語の間にある *in, the* を聞き取ることができていなかった参加者が複数名いた− *in* は 10 名中 3 名にしか認知されず、また *the* を認知できたのは 6 名であった。また、*Jane booked a flight for her business trip.* という刺激文に関しては、*booked* と *flight* は全員（10 名）に認知されたが、2 名しか、その間にある *a* を聞き取ることができていなかった。これらの事例に関する機能語知覚率は 37% であり、機能語知覚に対し文脈情報（文法知識）を活用する能力が日本語話者において十分に発達していないことが示唆される。

　また、日本語話者のトップダウン情報を活用する能力の欠如は、日本語話者が報告した「誤答」について考察することによりさらに明らかとなる。次節において誤答についての分析を行う。

3.5　誤答分析

　本節では、日本語話者、英語話者がそれぞれ示した誤答についての分析を行う。

3.5.1　英語母語話者による誤答例

　はじめに、英語母語話者が示した誤答例について考察を行う。本調査における英語話者によるターゲット語の認知率は、非常に高いものであった。刺激文を最後（文末）まで聞いた際の語の認知率（successful recognition）は、99% と高いものであり、間違った語を報告したケースは、1% にとどまった。ま

た、この調査で確認された delayed recognition も全体のわずか 5% にとどまっており、常に正確な語認知処理が行われていたと言うことができる。事例数は非常に限られたものになるが、ここでは、英語話者に観察された delayed recognition の例（特に文処理の途中で報告された誤答）に興味深い点が確認されたので、それを報告する。

次頁(5)が関係の事例となる。最初の例である (i) *Jane urged her pupils to go and watch a movie.* という文の聞き取りの途中で、*go and watch* における *and* に関し、はじめに *on* が報告され、後続の語の *watch* が認知された後、それが *and* に変更されたことが確認できる。また、次の (ii) *Jane reported her ideas about the project in the lecture.* の文においても、*her ideas* の *her* がはじめに *a* と報告され、後続語の *ideas* が認知されると、それが *her* に変更されていること、また同様に *in the lecture* の *in* が、はじめに、*and* と報告され、後に後続語の *lecture* が認知された際に、*in* に訂正されていることが確認できる。

これらの反応に関して注意したいのは、これら誤答と判断される事例（知覚処理の結果）は、実際の発話内容（答え）とは異なっているものの、その音声分析 (= ボトムアップ処理) には「一切問題がない」ということである。*and* や *her* の知覚に関するエラーパターンについて言えば、*and* の [d] および *her* の [h] は脱落して発音されておらず、また *an(d) , (h)er* は弱形で弱化母音を伴って発話されており、それぞれ報告された *on , a* といった音声解釈に問題はない（間違いではない）。

また同時に、このような解釈 (= *Jane urged her pupils to go on ...* / *Jane reported a ...*)が、文法の違反につながっていないことも指摘することができる。興味深いのは、後続の語の認知とともに、これら誤った解答（反応）が、すぐに正しい（文法的な）表現 (= *to go and watch ...* / *reported her ideas ...*) に変更されている点である (*to go on watch* や *reported a ideas* という表現（聞き取り結果）は非文法的なものとなる)。これらの事例から、母語話者が、常に文法情報 (top-down information) をモニターし、間違いをおかすことなく、機能語の

知覚処理をしていることを確認できる [7]。

(5) 英語話者による delayed recognition の例：（i）*Jane urged her pupils to go and watch a movie.* における *and* 、（ii）*Jane reported her ideas about the project in the lecture.* における *her* と *in* が該当する（それぞれ語単位で提示）。

(i)

Number ♪ (word)

(ii)

Number 1 (word)

　こうした誤答例からも、英語話者の音声処理が、ボトムアップ処理、トップダウン処理双方において非常に正確なものであることがわかる。

---

7) Bard et al. (1988) は、このような機能語の delayed recognition について次のようにコメントをしている："... function words cannot [always] be recognized on the basis of their acoustic form alone ... the interpretation of a function word is often determined by its subsequent context in a pre-positional language such as English (pp.405-406)."

3.5.2　日本語話者による誤答例

　上記とは対照的に、日本語話者は、意味・文法的に逸脱した例を、文処理の途中、また文全体を聞き終わってからも多数報告しており、意味・文法情報をモニターする能力に関し、英語話者との間に大きな違いがあることが確認された[8]。

　刺激文を文末まで聞いた段階で報告された意味・文法的に逸脱した事例に関しては、下記（6）に示すような事例を挙げることができる。（ここで、各例文の末尾に示された数字は、10 名の調査参加者のうち何名が当該の事例を報告していたかを示している。調査において、少なくとも 23%（30 例中 7 例）の割合でこのような意味・文法的に逸脱した事例が報告されたこととなる）。

（6）刺激文を文末まで聞いた段階で報告された意味・文法的に逸脱した事例について：

ターゲットセンテンス：

（a）Jane knocked on the front door but nobody answered.

（b）Jane baked a cake to serve at the meeting.

（c）Jane urged her pupils to go and watch the movie.

結果：

（a）Jane <u>not</u> on the front door but nobody answered.　　　　（1 人）

（b）Jane baked a cake <u>this</u> <u>service</u> the meeting.　　　　（4 人）

（c）Jane <u>aged/noticed</u> pupils to go <u>on</u> watch the movie.　　　（2 人）

---

8) Koster（1987, p.11）も、英語の聞き取り調査において、オランダ人調査参加者が、英語母語話者が報告するような聞き間違い（slips of the ear）とは性質の異なる、文法的に逸脱した文を多く解答したと報告している。

　この他にも、*put it a ideas* といった意味・文法的に逸脱した事例が確認され、このような事例の件数は合計 25 件となり、それは、Bard. et al. が後続文脈の活用についての最も強い証拠を示すとした "non-sequential recognition" に関し、本調査で確認された件数（15 件）よりも多いものであった。このような非文法的な句や文の報告から、日本人英語学習者の文法や意味関係をモニターする能力が十分に発達しておらず、英語話者とは異なり、文脈情報から生起し得る語を予測したり、（聞き取りのアウトプットとしての）非文法的な文の産出を防ぐことが十分にできていないということがわかる。3.4 節において、日本語話者が後続文脈における情報を語認知のために活用する事例を確認したが、誤答例等を観察すると、その能力が完全なものではないことが明らかとなる。

　また、これらの聞き間違いに関しては、基本的に、音声の分析（ボトムアップ処理）の失敗により引き起こされているという指摘（分析）も可能である[9]。調査参加者は、意味・統語的に不適確な結果につながろうとも、音声分析（ボトムアップ処理）の結果を優先して報告していると考えることができる。これは、聴解において、文脈情報からの予測（トップダウン処理）よりも音声分析（ボトムアップ処理）の結果の方が優先されるという、Marslen-Wilson（1987）の考えに基づく Tauroza（1990）の仮説に符合するものとなる。3.4.2 項における simultaneous recognition、non-sequential recognition の事例に観察されたように、日本人学習者は、トップダウン情報を利用しようとしており、それによりある程度は語認知活動が補助されていると言えるが、日本人学習者による文理解（文聴解）の結果は、ボトムアップ処理の結果（成否）により決定付けられる傾向が強いと考えられる。

---

9) 間違った語の報告に関しては、各語に対するなじみ度が影響した可能性も考えられる。*Serve at* を *service* として報告した事例がいくつか確認されたが（例えば、(3.4.2.1 項 (2)、3.4.2.2 項 (4) の事例を参照)、調査参加者が、よりなじみのある語の *service* を（誤って）報告したという可能性も考えられる。ただし、この聞き間違いについても、はじめに機能語 *at* を正確に知覚できなかったこと（すなわちボトムアップ処理の失敗）が関係していることを指摘することができる。

4. まとめ

本章においては、Bard et al., (1988) の研究を参考として、gating 手法を用い、短い英文の聞き取りをもとに、日本人英語学習者のボトムアップ情報およびトップダウン情報の処理・活用能力について考察した。

調査の結果として、第一に、immediate recognition に関し、英語話者は平均 96%の割り合いで語を初回提示で認知し、日本語話者の場合は 76%の割り合いで認知していたが、これより、この調査に参加した日本語話者は、英語話者に比べ、音そのものの分析 (ボトムアップ処理) により多くの問題を抱えているということがわかった。

次に、日本人調査参加者による文中の各語の認知に関し (特に immediate recognition に対して)、次の要因が影響を与えていることが確認された：(1) 語に対するなじみ度、(2) (内容語・機能語といった) 語類、(3) 語の長さ、(4) 文中における語の位置、(5) 音変化現象や日本語話者にとって知覚しづらい音素の存在。これらのうち、語に対するなじみ度、音変化現象と知覚しづらい音素の影響は、Bard et al., (1988) において報告されていない要因であり、日本語話者に特徴的なものとなる。

また、delayed recognition の分析から、調査に参加した日本語話者は、可能な限り文脈 (トップダウン) 情報を活用しようとし、実際にトップダウン情報の活用により語認知がガイド (補助) されていることが確認された。ただし、誤答に見られる、文法に違反するような聞き取りのミスが多数存在することから、トップダウン情報の活用能力が十分なものではないということも確認された。同時に、誤答例の観察から、文の聞き取りの結果が、ボトムアップ処理の結果により決定される傾向が強いということもわかった。

全体の調査の結果から、(本調査に参加したレベルの) 日本人学習者が英語の聞き取りをしている際には、ボトムアップ処理、トップダウン処理、どちらも十分に機能していないことが示された。日本人英語学習者は双方のスキ

ルを伸長しなければならないと言える。章の冒頭で言及した、「文脈からの類推に頼れ」とするアプローチに関しては、語認知の率が低く、十分なトップダウン情報が派生されておらず、また学習者が十分なトップダウン情報の処理能力を持ちあわせていないならば、このような対応は適切な対処法ではないと判断される。またトップダウンの意味・文法情報が、ある語を正確に認知してはじめて派生される、副次的な情報であることを考えるならば、学習においては、語認知に至るまでのボトムアップ処理の能力向上が先ず重要となると考えられる。

　この調査においては、9つの短い英文しか扱われていない。提起されうる疑問として、日本人学習者が、文脈情報をもっと多く含んだ長文やパッセージを聞いた場合、各語の認知やメッセージの理解が異なったものとなるのではないか、という点があるかもしれない。この疑問についてはさらなる調査が必要であるが、基本的にパッセージの理解は各文の正確な聞き取りと理解の積み重ねによるものであり、本調査と類似の結果になるのではないかと考えている。

第 6 章

リスニング力向上のための
取り組みについて [1]

1. はじめに

　これまでの章においては、語認知を中心として、日本人英語学習者における英語リスニング上の問題点について考察してきた。本章では、問題点の克服を目標に実践したリスニング授業についての報告を行う。取り組みにおいては、デジタルデバイス(ICT デバイス)を活用したアプローチを採った。昨今デジタルデバイスの発展は著しいが、音声を手軽に何度でも再生できるという環境は、リスニング学習に理想的であると言える。また、その機能も、音声の分析・表示から各種演習問題の提示に至るまで多岐にわたっており、リスニング教材の学習に最適のデバイスとなっている。デジタルデバイスをさまざまな形で活用し取り組みを行った。以下にその報告を行う。

2. 英語のリスニングにおける問題点とその対応の
優先順位について

　本研究における基本的な考え方は、英語のリスニングにおける問題点を見出し、それらひとつひとつに焦点を当て、個別に解決していくことがリスニング力向上への効率の良いアプローチとなるのではないかというものであるが、日本人学習者がかかえる英語リスニング上の問題点については、これま

---

1) 本章は、榎本(2018)に榎本他(2019)のデータを追加し加筆したものとなる。

での章で指摘した通り、少なくとも次の6点を指摘することができる。はじめに、「ボトムアップ処理」に関して、①音素知覚における問題、②音節知覚における問題、③機能語知覚の問題（第3章、第4章参照）、④音変化への対応（connected speech レベルでの問題）の4点を、また「トップダウン処理」に関しては、⑤語彙知識に関する問題（なじみ度の関わり）、⑥意味・文法情報の活用能力に関わる問題の2点を指摘することができる。リスニング力向上のためには、これら「全て」の問題を解決しないといけないわけであるが、授業において一度に全ての項目に対応することは容易ではなく、「語認知」への影響度を考慮し、各項目に対する対応の優先順位を考えながら授業実践を試みた。特に、②音節知覚における問題、③機能語知覚の問題、④音変化への対応、⑤語彙知識に関する問題（なじみ度の関わり）の4点への対応をより重要と判断し、これらの問題に焦点を当て授業に取り組んだ。

　これら4つの問題の中で、さらにそれぞれの問題に対する対応の優先順位について考えたが、学習において第一に重要となるのが、⑤「語彙知識（特になじみ度）」の向上と考えた。第1章で述べたように、言語コミュニケーション（意味の伝達）は、基本的に「語」を通じてなされている。また、第3章2.2.2項で例示したように、語認知と語のなじみ度には強い相関関係がある。語を知っていること、さらにそれに対し十分ななじみ度を有しているということが満たすべき最優先の条件となる。

　学習の順として次に重要となるのが、「ボトムアップ処理」の能力向上と考えた。ボトムアップ処理（音声（speech signal）そのものの処理）が上手くいかなければ、「語」の認知にたどり着くことができず、（特に内容語に関し）意味・文法等に関連するトップダウン情報の派生もありえない。トップダウン情報は、副次的な情報であり、「言語聴解処理の順」を考えれば、必然的にボトムアップ処理の能力向上が重要となる。

　ボトムアップ処理に関わる技能（bottom-up skills）の中で、克服しなければならない最も重要な問題を、③「機能語（弱形）の知覚能力の向上」と考えた。

これは機能語の生起頻度が非常に高いことによる。Cutler & Carter (1987) は、調査の結果、会話文中の機能語の出現率が 59% であったと報告しているが、これに対し、第 3 章、第 4 章で示したように、日本人学習者の機能語の知覚能力は非常に低い。第 3 章、第 4 章の調査結果に基づき考えると、機能語の知覚率は平均 49% 程度 (すなわち 51% は聞き取れていない) と推定される。単純計算で、会話 (パッセージ) 中の 30% 程度の単語を認知できていないこととなる。このことに付随する重要な問題は、第 4 章で述べたように、聞き取ることができない語が存在することにより、その前後の語との語境界 (word boundary) が曖昧になることと考えられる。このことは、リスニングプロセスの本質である、文中の「各語」を連続する音声から切り出し、認識していく作業 (lexical segmentation) の妨げにつながりかねない。

　次に、他のボトムアップ処理に関わる問題のうち、②「音節知覚の問題」(コーダ位置に具現する開放 (破裂) を伴わない (unreleased) /t/, /k/ の音の知覚の問題) と、④「音変化への対応」(語末で生ずる /t/-deletion, /d/-deletion などの音の脱落現象に対応できないという問題) の 2 点が重要となると考えた。これらは、それぞれ、語中のある音素を知覚・把握することができないという問題となるが、音素を 1 つ把握することができないということは、語認知への手がかりを 1 つ失うということになる。このことの影響 (すなわち、語認知の失敗) は、第 4 章 3.2.3 項で言及したように、(語認知の手がかりとなる) 語を構成する音素数の少ない 1 音節語において顕著となる。英語は、単音節言語と呼ばれることもあり、特に会話文中では 1 音節の内容語が生起する率が高い (cf. Cutler & Carter, 1987)。単音節語の生起頻度の高さを考慮すれば、それらの語に含まれる可能性のある、開放を伴わない /t/, /k/ の音や、それらの語に適用される可能性のある語末の /t/ 音, /d/ 音の脱落規則などへの対応は、重要なものとなってくると考えられる。

　このほか、ボトムアップ処理に関連して、第 1 章において「日本語にない音素の知覚」に関わる問題についても指摘しているが、今回の取り組みにおい

ては、この問題は扱わなかった。音素知覚は、語認知をより正確・確実なものとするために不可欠なものである。しかし、本取り組みにおいては、授業実践に英語を専攻としない理工学部の学生を対象としていることもあり、課題を増やし過ぎると負担となってしまう可能性があること、また、日本人学習者が知覚を苦手とする音素がミニマルペアを構成し、それらの語（どちらか、または双方）がパッセージ内に出現するケースが比較的少ないことから、この問題（課題）は授業内では扱わなかった（例えば、後述する 3.3.2 項中に挙げられている (3) の英文を見ると、提示されているパッセージにおいて、/t/ 音, /d/ 音の破裂の省略が多く発生しているのに対し、日本語にない英語音素を含むミニマルペア関連語が出現していないことが確認できる）。

　また、トップダウン処理に関わる「意味・文法情報の活用能力の向上」の問題についても、これを大きくは取り上げず、（3.3.2 項において後述する）「リピーティング」の活動の部分で簡単に扱う程度とした。例えば、*S tell [that S + V]* などの構文に関し、*tell* の後に *that* 節が来うることを予測するよう注意を向けさせたり、*SVO [O that S + V]* といった関係代名詞節や、*S V1 O1 and V2 O2* の形態など、複文・重文が関係する文に関し、受講生が聞き取りやその解釈に問題をかかえた際に、その構造について、すなわち英語がとりうる構文・構造について説明するにとどまった。全体の取り組みとしては、むしろ意味・統語処理の入力となる語認知に至るまでの音声処理能力の向上により力を注ぐこととなった。

3. 実践内容について

　取り組みにおいては、上記 4 項目（語彙知識（なじみ度）の向上、機能語の知覚率の向上、音節構造の違い（開放を伴わない閉鎖音）への対応、音変化規則 (/t/ 音, /d/ 音の脱落）への対応）に焦点を当て授業を組み立てた（後半の 2 項目は、ひとつにまとめて扱った）。以下において実践内容を紹介するが、下記 3.1 ～ 3.3 の各小節では、はじめに、取り組み対象とした各項目について、先

行研究で指摘されている事柄をまとめ、次に、それらの指摘事項を踏まえながら考案した学習法について紹介することとする。また、最後の 3.4 節において、授業全体の構成についての報告を行う。

3.1　語彙知識(なじみ度)の向上にむけて

3.1.1　先行文献における指摘・考察

語彙学習は、言語学習の根幹をなすものであり、幅広く研究が行われている。語彙習得に関する文献の中に、「ある語を覚えるには、その単語に 6 回以上出会う必要がある」という指摘がある (門田他, 2003)。これは語彙学習上参考となる重要な指摘であるが、ただ、本論で問題としている要因は「なじみ度の向上」であり、これは、単純にある単語を覚えるだりということとは異なる。「なじみ度がある」ということは、「ある語をよく知っており、それが自分のものとなっている」ということではないかと考えるが、このような状況を実現するには、門田他 (2003) において言及されている「処理の深さ、かかわり度」という概念が関係するのではないかと考えた。すなわち、「自分のものとして使う (output する)」という行為が、かかわり度が高く、なじみ度の向上により直接的に作用するのではないかと考えた。しかしながら、数百、数千からなる適切な語彙と、それらを含むテキストを用意し、学習者にそれらの語を「使い」、意見の交換をさせたり、それら語を使う形でテキストのサマリーを書かせるといった活動を準備するのは、容易なことではなく、このため、本取り組みにおいては、冒頭で言及した、ターゲット語に複数回出会うというアプローチを取るにとどまらざるをえなかった。

3.1.2　授業内での扱い

実践においては、ターゲット語に何回出会うかという要因の他に、学習語彙の生起頻度を考慮した。あるパッセージの理解度を高めるには、そのパッセージ内で聞き取りに成功した語の割合（カバー率）を高める必要がある。こ

のためには、そのパッセージにおいて出現する頻度が高い語（高頻度語）を確実に聞き取るということが一つの手段となりうる（同時に生起頻度が高い語がパッセージのキーワードとなっている場合も考えられる）。そこで、TOEICのリスニング部門に関係した問題集等を参考に、問題に用いられている語をWordSmith Tools を用いて生起頻度順に並べ替え、頻度順に基づく単語帳を作成した(巻末の付録 I 参照)[2]。

このほか、作成した単語帳に準拠する形で、図 1 のような e-learning 教材を準備し（ATR Learning Technology Corporation の製品にカスタマイズを施したもの）、学習者に、日本語→英語、英語→日本語の単語の意味確認問題や、ターゲット語を用いた英作文の問題に取り組ませるようにした。これらの課題は主に家庭学習とし、1 週間に 6 レッスン、60 語を学習させた。また、翌週の授業で、授業の始めに隣の学生と単語帳を用い、日本語→英語、英語→日本語の単語の意味確認（訳出）を行わせた。これにより、学習者が最低 5 回、関係の単語に出会う機会を確保した。

---

2) 受講者・学部からの要望の中に、資格試験も考慮した授業内容にして欲しいという意見があったことから、TOEIC リスニング部門を題材とした。状況が異なれば、その分野・トピックに関連した語を、例えば、自動車関連産業に関するリスニング（もしくは通訳）を行う場合には自動車に関係した語を優先的に扱う（覚える）必要が出てくると思われる。この件に関し、コーパス研究の分野では、各分野における専門語彙抽出などの研究が進んでいる（中島(2011)などを参照）。

図1　単語学習用 e-learning 教材の例

（上段は、英語→日本語の意味確認問題、下段は、ターゲット語を含む作文問題）
（ATR Learning Technology Corporation の許可を得て掲載）

3.2　機能語の知覚率向上にむけて

3.2.1　先行文献における指摘・考察

　第4章、第5章の調査結果から、日本人学習者が機能語の聞き取りを苦手としていることがわかったが、その原因については、機能語は強勢を伴わず、音声的卓立が低いということが第一に挙げられると思われる。第4章で言及したが、Roach（2000, p.12）は、機能語は弱形（weak form）で具現するのが通常であるのに、英語を母語としない学習者の場合には、その理解が強形に基

づくものとなっており、弱形の知覚に失敗する可能性が高いと指摘している。榎本・赤塚（2017）は、日本人学習者が英語を発音する際に、機能語を強形で発音してしまう傾向があることを指摘しているが、Roach の指摘が当てはまる可能性がある。

　英語母語話者による機能語の知覚処理研究に目を向けると、Grosjean & Gee（1987）は、英語話者の音声処理に対し、prosody（stressed syllable / unstressed syllable の対立）に着目した音声知覚処理モデルを提案している。彼らは、機能語（強勢を伴わない場合）が、その語末（word offset）よりもずっと遅れ、後続する他の語彙が認知されてから知覚されることがあるという調査結果から（cf. Grosjean, 1985; Bard et al., 1998、また第 5 章 3.5.1 で示した事例も参照）、内容語と機能語（弱形で発音される場合）の処理が別々に行われるのではないかとの仮説を立てている。内容語の場合には、語頭の強勢音節を基準として"main lexicon"にアクセスし（当該の語の）語彙検索が行われ、機能語（弱形）の場合には、*could have been, to the, I'd have* といったよく使われる機能語の組み合わせ（sequences of function words）も含め、それらが "functor lexicon" という別の語彙目録にまとめられているのではないかという仮説を立てる。さらに、音素配列規則（phonotactic rules）や形態音素規則（morpho-phonemic rules）の知識（例えば、[ðə] で始まる多音節語は存在しないなどの知識）を活用しながら、パターン照合（pattern-recognition-like analysis of weak syllable groups）により、機能語が知覚されるのではないかとの仮説を立てている [3]。

---

3) Grosjean & Gee は、最終的に、文脈・談話の流れにより内容語がピッチアクセントを伴わずに発音（＝deaccenting（格下げ））されたり（cf. Ladd, 1980; 川越, 1999, p.189）、機能語が強調などにより強勢（完全母音）を伴って発音される場合もあることから、内容語・機能語という区別よりむしろ、対象の語が、stressed であるか（強勢を受け、完全母音を伴った語であるか）、unstressed であるか（強勢を持たず、弱化母音を伴った語であるか）、という基準で分析を行う方がより適切であろうとしている。ここで、Grosjean & Gee における強勢とアクセントの位置づけ（定義）を明確にしておくため、Gussenhoven（1991）の説明をもとにまとめをしておきたい。下記は、Gussenhoven（1991, p.3）からの引用である。ωは音韻的語（phonological

日本人学習者についても、機能語のそれぞれの音形をよく理解し、Grosjean & Gee が仮定するような、機能語に関するレキシコンを発達させること、すなわち、*could have been, to the, I'd have* などのような、機能語によくある、生起頻度の高い組み合わせを記憶するという方法が有効な学習法となる可能性がある。内容語が何万語と存在するのに対し、機能語（弱形）の組み合わせの数は限られたものとなる。Fries (1952), Field (2008, p.175) は、機能語の組み合わせが 150 程度存在すると述べているが、生起パターンが限られているのであれば、それらに習熟し、それらの音形を覚えてしまうという対応も可能であるかもしれない。

---

word）を表し、F はフット（foot）、＊ はピッチアクセントを表す。

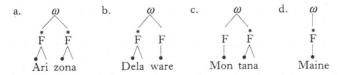

この枠組みにおいては、強勢とアクセントが明確に区別されている。強勢（stressed / unstressed の区別）は、母音が完全母音であるか、弱化母音であるかを指すものであり、アクセントは、ピッチアクセントに言及するものとなる。図中黒丸にて表記されている部分が、完全母音を含む、強勢を受けた音節（stressed syllable）である。他の部分に関して *Arizona* を例にとり説明すると、*Ari-* および *-zona* の部分に示されるように、強音節（strong syllable (= stressed syllable)）と 弱音節（weak syllable (= unstressed syllable)）の組がフット（F）を形成し、その上にピッチアクセント（＊）が存在する（すなわちそこで音の高低変化が起きる）。フットに関しては、弱音節を伴わず、またピッチアクセントを伴わないものも存在する。例えば、*Delaware* における *-ware*、*Montana* における *Mon-* がそうである。これらの音節は、そこに含まれる母音がシュワーではないという意味で強音節（strong syllable (= stressed syllable)）でありフットを構成するが、ピッチアクセント（ピッチ変化）を伴ってはいない。ピッチアクセントについては、リズム規則の適用により具現しなかったり（例：*thirteen* + *men* → *thirteen men*, *Arizona* + *Avenue* → *Arizona Avenue*, *North* + *Arizona* → *North Arizona*）、談話の情報構造によって具現しないこと（＝「格下げ（deaccenting）」）もある。（Gussenhoven (p.5) は、格下げに関し、*Even John went to Arizona.* という例を出す。）Gussenhoven、Grosjean & Gee においては、このような音韻構造が仮定されている。本論においても、この一般化に従ったかたちで議論を進める。

3.2.2　授業内での扱い

　機能語の弱形への理解と対応能力を高めるために、「機能語の発音演習」（cf. 榎本・赤塚, 2017）と、「部分ディクテーションを対象とした e-learning」による 2 つの取り組みを行った。前者については、機能語弱形の音特徴を学習者に把握させる目的で準備した。また後者は、Grosjean & Gee（1987）の指摘を考慮し、学習者が機能語の生起パターンに習熟することを目的に作成した。

　「機能語の発音演習」の内容について説明すると、機能語の特徴を説明するために冊子を用意した（巻末付録 J 参照）。前置詞、冠詞などから始まり、be 動詞、関係代名詞など、10 のコンテンツを用意した。冊子には、機能語と内容語の違い、どのような語（品詞）が機能語に該当するかということ、また、機能語は通常アクセントを伴わず弱形で発音され、「弱く・短く・フラット」に読まれるものであることを記載した。

　授業においては、アクセントに関して、アクセントとピッチ変化の関係、およびアクセントの産出・非産出（すなわち発音方法）についての説明を行った。アクセントの有無とピッチ変化の関係については、内容語のような通常アクセントを持つ語においては基本的にピッチの変化（上昇）が生じるが、アクセントのない機能語ではそれが生じず、フラットに読まれることを説明し、図 2 のように Praat（ver. 5.4.21）を用い視覚的・聴覚的に確認させた。

　次に、上記理論的な側面に加え、生理学的な側面からの説明を与えながら、発音練習を行った。下記 (1) は、付録 J の項目 2.2 にある内容を抜粋したものとなる。例文において、「*when he was*: 声帯確認」と指示が書かれているが、このような機能語が連続する句を用いながら、アクセントの産出・非産出と声帯の動きとの関係について説明を行った。

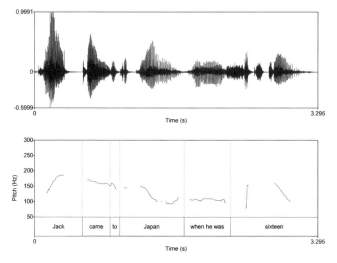

図 2　Praat による波形およびピッチ表示

(1) 発音練習における例文とその提示例 (付録 J - 2.2 参照)

・**Ja(ck) came** to Ja**pan** when (h)e was **sixteen**.　　　(*when he was:* 声帯確認)

　ピッチの変化 (上昇) は、主に声帯を緊張させることにより作り出されるものであるが (斉田, 2016)、機能語が該当する *when he was* の部分には、アクセントがなくピッチ変化は生じない (図 2 下段の図を参照)。この部分は、声帯を動かすことなく (弛緩させて) 発音しなければならない部分であり、受講者に、喉に手を当て、声帯を動かすことのないように確認をさせながら発音練習をさせた。また、この部分を「弱く」「短く」読むことにも注意を向けさせた。このほか、母音 (シュワー [ə] 等の弱化母音) の発音にも注意させ、「シュワー」に関しては、日本語の「あ」のように顎を下げ、大きく口を開けないこと (口は半分開けただけの状態となること)、また [i] の母音に関しては、日本語の「い」のように、唇を横に引っ張って (緊張を伴って) 発音しないようにと説明を行った。

上記説明を与えた後、全体で発音練習を行い、その後にCALL system を用いて、各学習者に視覚的・聴覚的にモデル音声と自分の発音を比較・確認させながら個別練習をさせた（下記図3参照）。このCALL system においては、モデル音声（上段）と学習者発音録音部（下段）にそれぞれ再生ボタン（機能）があり、学習者は、画面上のある一部分をドラッグして、その部分の発音をモデル音声と比較することができる。

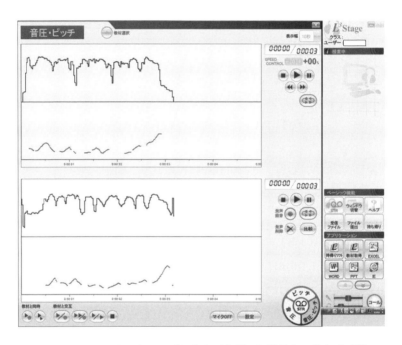

図3　CALL システムによるモデル音声（上段）と学習者の発音（下段）に
関する音圧・ピッチの表示
（パナソニック システムネットワーク株式会社の許可を得て掲載）

　上記は、発音練習を通じて機能語の音の特性を理解させようとする取り組みとなる。このほかに、機能語の聞き取り率を高める目的で、図4のようなe-learning を用いた「機能語知覚に焦点を当てた部分ディクテーション教材」を

用意した。課題の内容は、学習者が音声を聞き、空欄に入る機能語（その組み合わせ）をタイプするというもので、正しい答えをタイプできるまで次の問題に移ることができない仕組みとなっている。このような問題を、前置詞、代名詞など各品詞についてまとめ、6コンテンツ、計150題を用意した（この教材は、ATR Learning Technology Corporation の製品にカスタマイズを施したものとなる）。

図4　機能語の聞き取りをターゲットとした e-learning 教材の例
（ATR Learning Technology Corporation の許可を得て掲載）

　このような取り組みにより、学習者が機能語の組み合わせとその音形に習熟することができるのではないかと考えた。また、この教材のような空所を埋める課題は、前後部分との意味・文法関係を考え、空所に生起し得る語（機能語）を推測するという「文脈情報の活用訓練」にもなるのではないかと考えた（受講者にも空所前後の意味・文法関係を意識するようにと指示を行った）。

3.3 音節構造の違い・音変化 (unreleased stops, /t/-deletion, /d/-deletion) への対応

3.3.1 先行文献における指摘・考察

　音変化に関し、言語記述のレベルでは、これを音変化規則の適用として一般化することが多いが、Shockey (2003) は、音変化現象と語の認知 (聞き取り) との関係について "Trace/Event theory" という理論に言及し、音変化のかかった語の聞き取りに関し、原形 (citation forms) が、(/t/-deletion, /d/-deletion といった) 規則の (逆) 適用により復元・認知されるというよりも、ある語に関する全ての音形が心内辞書に記載されており、それらに基づき原形を認知するという仮説を紹介している。例えば、*get* に関して言えば、その語がとりうる全ての表層形 (surface forms / variants) (例えば、[get] (full form)、[gɛʔ] (/t/ 音の声門閉鎖音化)、[gɛ(t)] (*ge(t) to* における前者の /t/ 音の脱落) などの音形) が全て記憶されているということになる[4]。英語学習との関係においては、ある単語の表層形が、原形 (citation forms) ただ 1 つとは限らないことの理解と、いろいろな形態の表層形に多く触れ、それらを記憶することの必要性が示唆される。Field (2008) においては、音変化に対する認識 (awareness) を高めることと、変化形に焦点を当てた知覚演習の必要性が指摘されている。

3.3.2 授業内での扱い

　本取り組みにおいては、(i) 「発音演習」を行った際と、(ii) 後に言及する「リピーティング」(文または節を音声提示し、それを学習者に口頭で再生させるという課題) と、「シャドーイング」(音声を連続的に聞きながら、聞い

---

4) 日本語に関しても、鼻音の音節主音化などの現象 (例：kuru no nara → kuru ṇ nara, taro no da → taro ṇ da) に関し、変化形 (表層形態) が、(毎回) 音節主音化規則 ({no} → ṇ / {n / d}) の適用により派生されているとするより、[no], [ṇ] の双方の音形があらかじめ心内辞書に記載されており、文脈・状況 (sociological condition) に応じて選択され使用されているとする分析が存在する (Hasegawa, 1979)。

た部分をすぐさま再生していく課題）を行った際に、開放を伴わない閉鎖音
（unreleased stops）や /t/-deletion, /d/-deletion の現象などの音声現象について説
明するようにした。

「発音演習」に関係する部分については、3.2.2. 項で述べた「機能語の発音」を
扱った際に、現象に関する説明と発音練習を行った。下記（2）のような例文が
関係するが、モデル音声を再生する際に、音変化の事実（ここでは、/t/, /k/ 音
の脱落（省略）が発生していること（「(t), (ck)」などの表記がそれを示す））を説
明した。その後、音の脱落を意識しながら、後続の子音（/t/, /k/ 音）の開放前の
閉鎖部を少し長めにして、脱落する音の部分に少し間を持たせるようにして
発音するよう指示を行った（cf. 川越, 1999, p.118）。

（2）発音練習における例文とその提示例（付録 J‐2.2 参照）
　　・**I wen(t)** *to* the **library** *to* **bor**row **books** *for my* **son**. (*for my son:* 声帯確認)
　　・**Ja(ck) came** *to* Ja**pan** when (h)e *was* **sixteen**.　　(*when he was:* 声帯確認)

「リピーティング」、「シャドーイング」における扱いについては、リピーティ
ングを行った際、特に授業参加者が /t/-deletion, /d/-deletion の現象により関係
の語の聞き取りに問題を抱えた場合に、音変化（音脱落）に関する説明を行っ
た。また、シャドーイングに関しては、下記（3）のように、読み上げ用のテ
キストの中で /t/-deletion, /d/-deletion やその他の音韻規則が関係した部分に説
明を入れ、必要に応じて口頭で説明を加えた。（ここでは、「(t), (d)」などの
表記が破裂の省略を指している。また太字はアクセントの所在を、// はそこに
ポーズが挿入されていることを示している [5]。）

---

[5] 音変化規則（現象）への対応に関しては、前出図 4 のような、音変化を受けている語
　　とその前後にある語をターゲットとした部分ディクテーションを用いた取り組みが
　　有効ではないかと考えたが、準備が容易ではなく実現することができなかった。

(3) シャドーイング用教材の例（日本英語検定協会の許可を得て転載）

　For **many years**, **Mary** has **planted flo**wers in her **gar**den, // bu(t) **this spring**, she **start**ed **grow**ing **herbs**, **too**. // By **su**mmer, // most of the **herbs** had **grown** qui(te) **large**, // so she **started u**sing them in the **food** she **cooked**. // **Mary thought** [the **fresh herbs smell**ed **be**tter // and **had more fla**vor than the **dried** ones she use(d) to **buy** at the **store**]. // She is **plan**ning to **grow** some a**gain next year**.

　Question: Wha(t) did **Mary star(t) do**ing this **su**mmer?

3.4　授業全体の構成について

　授業は、上記に述べた内容を中心に構成された。毎回ほぼ同じような構成となったが、注釈と共に授業構成を下記に示す。（リピーティングとシャドーイングに関しては、これら以外の活動が、ほとんど文の一部分のみに焦点を当てた内容であるため、文全体の聞き取りを扱う課題として活動に加えた。）

(4) 授業の構成：

1.　隣の学生との（宿題としていた）単語の意味の確認：隣の学生と、課題としていた語彙学習に関し、対象語について英語→日本語、日本語→英語の順で意味の確認を行う。（5 〜 10 分程度）

2.　前時に扱った英文のディクテーション：機能語を多く含む文や、構造が複雑な文を 5 文程度扱う。聞き取りと解答、および統語 / 韻律構造の解説などを行う。（5 〜 10 分程度）

3.　機能語の発音演習：発音演習用のノートに基づき、機能語の音の特徴、発音上の注意点などを説明する。全体練習の後、CALL システムを用い個別に発音練習をする。（10 〜 15 分程度）

4.　機能語の知覚演習：上記 3 で扱った機能語（各品詞）に関し、e-learning を使った知覚演習を行う（機能語をターゲットとした部分ディクテーション）。（10 〜 15 分程度）

5. 英検 2 級の問題を用いたリピーティングとシャドーイング：会話問題を 2 問、パッセージ問題を 1 問扱う。解答後、問題中の各文をリピーティング、その後、問題文全体をシャドーイングする。（25 ～ 30 分程度）

6. e-learning を使用した単語の学習：6 レッスン 60 語の学習を週の課題とする。（5 ～ 10 分程度）

3.5　授業参加者

　授業実践は、日本の私立大学理工学部に所属する 1 年生を対象として、基礎演習アドバンストコース（リスニング）という講義において行われた。この授業は、英検準 2 級保持者が 2 級程度の英語力を身につけることを目標に設定された自由単位科目（その単位が卒業に必要な単位に算入されない科目）であった。次節において、4 月から 7 月までの半期の授業結果（26 名分）を報告するが、これは、過去 6 年間の受講生のデータとなる。各年度の授業参加者の数が少なく、通常の一斉授業とは授業（学習）環境が大きく異なっていたことを報告しておかなければならない [6]。授業参加者は、（英語を専攻としない）理工学部の学生の中でも、英語学習に非常に意欲的な学生であると判断される。

4.　結果

　授業効果の検証のために、オンラインテストである CASEC® テスト（教育測定研究所）と、機能語に焦点を当てた知覚テストの 2 つを用いた [7]。また、講義の最終日に受講者がそれぞれの課題をどのように思ったかを確認するためにアンケート調査を行った。以下にその結果について報告する。

---

6) 一部、欠席回数が授業数の 3 分の 1 に近い学生のデータを考察から除外している。
7) CASEC® および CASEC ロゴは、株式会社 EduLab の登録商標となる。

4.1 CASEC テストによる学習成果の検証

学習成果の検証手段の 1 つとして CASEC テストを用いた。プリテスト・ポストテストとして、4 月・7 月に同テストを実施し、その伸び率（平均点に基づくもの）から学習成果を検証した。はじめに、表 1 に、4 月期・7 月期の CASEC テストにおける「全体得点」に関する基礎統計量を示す。対象者は 26 人で、全体平均の得点が 4 月期 550.3 点、7 月期 595.4 点であり、全体として、得点に伸びが観察された。

表 1　プリテスト・ポストテスト（4 月期・7 月期）における
「全体得点」に関する基礎統計量

N	4 月				7 月			
	M	SD	Min	Max	M	SD	Min	Max
26	550.3	74.7	412.0	675.0	595.4	63.1	436.0	716.0

CASEC テストは、Section 1（語彙 /15 題）、Section 2（表現 /15 題）、Section 3（大意把握（聴解）/15 題）、Section 4（ディクテーション /10 題）から構成されるが、統計処理を行ったところ、下記表 2 に示すように、Section 2 とリスニングに関係する部分である Section 3、Section 4、および全体得点において、4 月、7 月の得点間に有意差が確認された。（右端の TOEIC 推定点は、CASEC テストにより推定された得点となる。）

表 2　プリテスト・ポストテスト（4 月期・7 月期）における
各セクションにおける得点の比較

	Sect. 1	Sect. 2	Sect. 3	Sect. 4	全体	(TOEIC 推定点)
4 月(得点平均)	142.9	133.0	143.5	130.9	550.3	(481.3)
7 月(得点平均)	146.5	145.5	156.9	146.5	595.4	(545.6)
伸び率(差異)	3.6	12.5	13.4	15.6	45.1	(64.2)
t-test(p 値)	0.211	0.023	0.001	0.000	0.000	(0.000)

　Section 1 の語彙部門に関しては、有意差を確認することができなかったが、これについては、週に 60 語（半期で 800 語程度）の学習という学習量の少なさが影響したかもしれないと考えている。また、学習対象語の中に既知語が多く存在していたことも関係したかもしれない（巻末付録 I 参照）。語彙をさらに精選する必要があったと考えられる。

　参考として、下記図 5 に、リスニングに関係する Section 3 と Section 4 の問題内容を示す。Section 3 は内容把握問題であり、パッセージ再生の後、4 肢択一問題が音声提示される。Section 4 はディクテーション問題で、受験者が、聞き取りを行った後、解答をコンピューター上にタイプする問題である。CASEC テストは、項目応答理論を採用し、ある問題に答えることができた場合には、次により難易度の高い問題（間違えた場合には、より平易な問題）が出題される構成になっているという。

図 5　CASEC テストにおける Section 3 と Section 4 の
問題例（教育測定研究所の許可を得て掲載）

4.2　機能語知覚テストによる学習成果の検証

4.2.1　テストの内容について

　次に、機能語の聞き取りに焦点を当てた部分ディクテーションからなるテストを実施し、音声処理能力の向上を確認しようとした（榎本他, 2019）。調査に用いた題材は下記（5）に示す 10 文である。下線部が聞き取りの対象となった部分であり、解答用紙では空所となっていた。下線部には、22 の機能語が

含まれており、これらの語の知覚について考察した。

　テストにおける設問の設定については、少なくとも (a)「機能語のみ」を聞き取り対象（空所）とする、(b)「内容語＋機能語」の組み合わせを聞き取り対象とする、(c)「機能語＋内容語」の組み合わせを聞き取り対象とする、といった 3 つの形態が考えられるが、(a) の場合には、前後にある（文字で書かれている）内容語から空所に生起し得る機能語をかなり予測することができることとなる。(b) の場合は、機能語の前にある内容語を聞き取ることができなかった場合、語境界が不明確となり、機能語の聞き取りに影響が出る可能性がある（すなわち内容語の聞き取り率が、機能語の聞き取り率を左右してしまう可能性がある）。このような状況を考慮し、文脈情報の影響が少なく、機能語そのものの聞き取り（bottom-up processing）により集中することができる (c) の形態（＝機能語＋内容語の組み合わせ）を聞き取りの対象とすることとした（問 6, 10 の接続詞が関係する問題は例外となる）。

(5) 機能語知覚テストの内容について

1.　This area is the center <u>of the city</u>.

2.　<u>What is your plan</u> for the weekend?

3.　Would you like to hold your party <u>at our hotel</u>?

4.　Could you please make <u>me a copy</u> of this fax?

5.　I got a phone call <u>from your sister</u> last night.

6.　I finished my homework <u>while you were</u> sleeping.

7.　He worked <u>for a bank</u> after he graduated from school.

8.　The construction of the new factory <u>will be completed</u> next week.

9.　Could you describe to me the details you wrote <u>in this story</u>?

10.　We couldn't play outside <u>since it was</u> raining.

　　　　（注）1. 下線部を空所（聞き取りの対象）とした。

　　　　　　　2. 2 問目にある *what* は採点（得点）に含まれていない。

3. 9 問目 *in this story* の部分の発音において、[ð] 音の [n] 音への同化が観察された。

このテストを、プリテスト・ポストテストとして 4 月・7 月に実施し、その得点差（伸び率）について確認した。機能語を 1 つ聞き取ることができたら 1 点として扱った。同じ内容のテストを 2 回繰り返すこととなるが、3 か月以上の期間があるので、テストの内容を覚えていることはないであろうと仮定した。この調査については、授業実践を始めて 3 年が過ぎた時点から始めた。このため調査への参加者は、3 年間分の 19 名となる。

4.2.2　機能語知覚テストによる検証の結果について

4.2.2.1　全体結果

テストの結果を表 3 に示す。4 月期のスコア平均が 22 点中 10.4 点、7 月期は 14.7 点であった。4 月期と 7 月期のスコアに対し統計分析（t-test）を実施したところ、スコアの差（伸び率）に、有意差（$p > 0.001$）が確認された。全般的に機能語の知覚能力に向上がみられたと考えられる。ただし、平均点を 100 点に換算して示すと、4 月期 47 点、7 月期が 67 点であり、知覚率が 100 点（100%）となっているわけではなく、さらなる学習・訓練が必要であることも事実である。

表 3　機能語知覚テスト（プリテスト・ポストテスト（22 問））
に関する基礎統計量

N	4 月				7 月			
	M	*SD*	*Min*	*Max*	*M*	*SD*	*Min*	*Max*
19	10.4	4.4	2.0	17.0	14.7	4.4	2.0	21.0

4.2.2.2　誤答分析

テスト結果については、「誤答例」からの分析も可能である。135 頁表 4 は、

プリテスト・ポストテストにおける誤答例を示したものである。上段が4月に実施したプリテストの結果であり、下段に7月に実施したポストテストの結果がまとめられている。各表上部の見出し部分にある *of the (CITY), is your (PLAN)* といったフレーズが、テストにおけるターゲット語群（認知率を調べようとした機能語群）となる。その下にあるのが、調査参加者が報告した誤答例である。調査参加者のデータは英語力を基準に並べられており、表の左端に、参加者が4月時に受験した業者テスト（CASEC テスト）が推定する TOEIC のスコアと英検の級が示されている。またその右に、プリテスト・ポストテストにおける得点が提示されている。表においては、「誤答」を大文字の英語で示している。「正答」については記載していないが、あるフレーズに対する解答の中に、正答と誤答の両方が含まれる場合には、「正答」を小文字で示した。「未解答」だった部分(語)は、"xxx" で示してある。

　表4中、4月のプリテストの解答中Ⓐとして示した部分において、多くの調査参加者に関し、*me a (copy), while you were, for a (bank), will be, in this (story)* などの部分が、未解答となっていることがわかる（xxx で示されている部分を指す）。これらは単純に聞き取りができていないこと、すなわち、音そのものの処理(bottom-up processing)に失敗したことを示している。7月期(下段の表)では、これらの4月時では知覚できなかったフレーズが、かなり聞き取れるようになっていることがわかり、機能語の音に慣れつつあることが観察される。

　また、表中Ⓑとして示した部分に誤答が多く確認され、これらが文法違反を起こしていることを指摘できる（例えば、*for me sister* や *I finished my homework while you are ...* など）。これらの事例については、7月期でも同じように文法違反につながる事例が観察され、（もともとこれらの間違いは、bottom-up processing 能力の欠如に起因するものであるが）意味・文法のモニター能力の伸長がさらに必要であることがわかる。

　このほかに表より観察されることとして、*at our hotel* や、*in this story* といったフレーズが、それぞれ、*at a* または *at the* とか、*in the* として報告されてい

表4　機能語知覚テスト　誤答分析

4月調査

4月(想定)点数 (TOEIC)	4月(想定)級 (英検)	テスト結果 (22点満点)	of the (CITY)	is your (PLAN)	at our (HOTEL)	me a (COPY)	from your (SISTER)	while you were (SLEEPING)	for a (BANK)	will be (COMPLETED)	in this (STORY)	since it was (RAINING)
680	2級	17			at THE	me xxx	from MY	xxx xxx / xxx xxx	xxx xxx		xxx this	since it IS
629	2級	12			xxx xxx			xxx xxx	xxx xxx		in THE	since it IS
585	2級	13			at THE			xxx xxx	xxx xxx		xxx THE	since it IS
575	2級	17	IN A	DO your	at A	xxx xxx	xxx MY	BEF DRE you ARE		xxx xxx	xxx a	
565	準2級	3			IN our			while IN YOUR	IN THE		xxx THE	since it IS
560	準2級	14			at A	IT CUT	FOR ME	while I AM	for xxx		ABOUT this	since it IS
550	準2級	13			at THE		FOR MY	while I AM				since I was
525	準2級	14			xxx xxx	me xxx		UNTIL you xxx	xxx xxx		xxx this	since xxx xxx
475	準2級	12		xxx xxx	AROUND THE	xxx a	from xxx	while I xxx	xxx xxx	Ⓐ	xxx NEXT	since OUT IS
470	準2級	8			at A	xxx a	FOR ME	xxx xxx xxx	for xxx		xxx THE	since it IS
470	準2級	12			at THE	me xxx	FOR ME	while you ARE	xxx xxx		xxx THE	xxx xxx xxx
423	準2級	10	of xxx	is xxx	at A	me xxx	from xxx	xxx xxx xxx	xxx xxx		xxx THE	xxx OUTSIDE xxx
420	準2級	2	IN THE	is THE	at A	xxx xxx	Ⓐ FOR ME	xxx xxx xxx	xxx xxx	xxx xxx	xxx THE	xxx OF THE
410	準2級	13		is THE	at A		Ⓑ FOR ME	while you ARE	xxx xxx		xxx THE	it was A
360	3級	7			AROUND THE	xxx xxx	FOR ME	BY xxx xxx	xxx xxx	xxx xxx	xxx THE	xxx OF THE
355	3級	6	IN the		at A	me xxx	FOR ME	xxx xxx xxx	xxx xxx		xxx THE	since ON xxx
355	3級	12			AROUND THE	me xxx	FOR ME	xxx xxx xxx	xxx xxx	xxx xxx	xxx THE	IN THE xxx
320	3級	6	xxx the	is xxx	AROUND xxx	me xxx	ME xxx	xxx xxx	for xxx	xxx xxx	in THE	since it IS

10.4 (平均点)

7月調査

4月(想定)点数 (TOEIC)	4月(想定)級 (英検)	テスト結果 (22点満点)	of the (CITY)	is your (PLAN)	at our (HOTEL)	me a (COPY)	from your (SISTER)	while you were (SLEEPING)	for a (BANK)	will be (COMPLETED)	in this (STORY)	since it was (RAINING)
680	2級	18					from MY	while you ARE			ON this	
629	2級	17	IN the		at AN		FOR your	while you ARE	xxx xxx		xxx this	since xxx xxx
585	2級	13			at THE				IN THE		in THE	ON xxx since OUTSIDES WERE
575	準2級	21	IN the	DO YOU	ON THE	xxx a	FOR ME	BEFORE xxx xxx		xxx xxx	xxx this	
565	準2級	2			IN our		from MY	while you ARE		xxx xxx	in THE	
560	準2級	16	of THIS		at A		FOR MY	Ⓑ while you ARE			in THE	since it was
550	準2級	19			xxx our			while I WAS	for xxx		xxx this	
525	準2級	20			at A		ME from	while I WAS			in THE	
475	準2級	17			at A		FOR your	WERE you ARE	xxx xxx	xxx xxx	in THE	since OUT was
470	準2級	16			at A		FOR ME	while you ARE	xxx a		xxx THE	
470	準2級	17	IN this	is THE	at THE	me xxx	Ⓑ FOR ME	while you ARE	TO xxx		xxx THE	xxx xxx xxx
423	準2級	12			xxx xxx		FOR ME	while you ARE	for xxx		xxx THE	since xxx xxx
420	準2級	15	IN this	is THE	IN A	me xxx	from ME	while you ARE	ON xxx		xxx THE	since IN THE
410	準2級	9			at THE	me xxx	FOR ME		AT THE		in THE	
360	3級	12	IN the		at THE	me xxx	Ⓑ from ME	BEFOR ME AT			xxx this	
355	3級	16			at THE	me xxx	ME AT				in THE	
320	3級	11										

14.7 (平均点)

るケースが多くみられる（これらの誤答は7月期の解答の中にも観察することができる）。これらの誤答に関しては、当然 *our, this* に関する音の知覚処理の失敗が原因となっているわけであるが、フレーズに対するなじみ度が影響した可能性も考えられる。おそらく *at the, in the* といったフレーズの方が、*at our, in this* の組み合わせよりもなじみ度が高く、よりなじみのあるフレーズを誤って報告した可能性があるように思われる。幅広い機能語の組み合わせを学習対象とし、それらに対し十分ななじみ度を得るまで学習を行う必要があると考えられる。

　以上が機能語知覚テストの結果となる。学習者の機能語知覚能力が100%となったわけではないが、4月から7月における学習により、全般的に知覚能力の向上がみられたことが確認された。一方で、誤答分析の結果から、意味・文法情報の活用に関して、さらに能力の伸長が必要であることもわかった。

　この調査の課題としては、わずか22語の機能語の聞き取りだけで機能語知覚能力を一般化できるのかという問題がある。もっと数多くの事例を対象に知覚能力に関わる調査を行わなければならないことは明白である。機能語はアクセントを伴わず、調音器官の緊張を伴わないため、音変化が生じる率も高い（cf. Shockey, 2003）。このため、音変化を伴った表層形の存在も考慮に入れ機能語知覚の実際について考察することも必要である。ただ、ここでは英語を専門とする学生を対象として調査を行ったわけではなく、（調査参加者の負担も考えると）規模の大きな調査をすることが困難であったことも付記しておきたい。

4.3　授業内で扱った各課題についてのアンケートの結果について

　このほか、授業内で扱った各課題の有効性を確認するため、授業の最終回において、受講者にアンケートを実施した。受講者に、3.4節の (4) に示した、授業内で取り組んだそれぞれの学習項目について、「5（非常に効果的である）〜1（効果的とは言えない）」の5スケールで評価を求めた。

　アンケート集計結果を表5に示すが、概ね肯定的な評価を得た（表中の括弧内の値は100点に換算した場合の値を示している）。アンケートでは、「授業内での語彙学習」の評価が比較的低いものとなった。この学習内容は、隣の席の学生との e-learning による学習課題となった語に対する、日→英、英→日の訳出（意味の確認）作業であった。評価の理由を記述する欄を設けていないので、詳細についてはわからないが、課題（作業）内容が、単語の訳出のみのシンプルなものであったり、問題に答えることができなかった際の心理的負担などが関係したかもしれない。また、4.1節で述べたように、学習対象語に既知語が多く含まれていたことも影響したかもしれない。他の課題は、かなり高い評価を得ていたと言える。「リピーティング」については、この課題は受講生に聞きとった内容を英語で（口頭で）繰り返してもらうという内容であり、聞き取りができないケースが多く、心理的負担が大きいかと思っていたが、評価は高いものであった。

表5　各学習項目に関するアンケート集計結果

学習項目	評価		学習項目	評価	
授業内語彙学習	4.05	（81）	e-learning 機能語知覚演習	4.62	（92）
e-learning 語彙学習	4.33	（87）	リピーティング	4.48	（90）
CALL を使った韻律学習	4.43	（89）	シャドーイング	4.38	（88）

5. まとめと考察

　本章においては、リスニング力の向上を目指して実践した授業の内容について報告した。これまでの章で確認された、日本人学習者による英語のリスニングに影響を与える問題点に対し、語認知に対する影響の度合いや、それらが会話中に出現する頻度といった要因を考慮し、対応の優先順位を考え、取り組みを展開した。また各問題点（課題）への対応において、CALL system、e-learning 等のデジタルデバイスを活用し、リスニング学習に対する新たなア

プローチを展開しようと試みた。

　取り組みの結果として、CASEC テスト、および、機能語の知覚テストにおいてリスニング力の向上を確認した。また、授業内の学習課題に関しても、授業参加者から肯定的な評価を得た。

　本取り組みでは、高い語認知率を保証することを目的とし、ボトムアップ処理の能力（decoding skills）の向上と語彙知識の向上に焦点を当てたアプローチを採ったが、課題として、授業内容が演習の繰り返しとなり、何となく「訓練」を行っているような面があったことが挙げられる。このことに対しては、プロソディー（韻律）・統語構造などの英語の基本構造が変わるわけではないので、機能語知覚などの演習はそのままに、学習語彙を EAP（English for Academic Purpose）的なものに改め（リピーティングとシャドーイングの題材もそれに準じたものとし）、学習者がパッセージ等の内容（コンテンツ）について学習した後、その内容についてお互いに意見交換などを行うといった活動を取り入れることができないかと考えている。語彙、パッセージ等の内容変更により、異なった展開も可能であると思われ、このような取り組みについても今後検討したいと考えている。

第7章

本研究のまとめ

　最終章において、研究のまとめと補足をしていきたい。第1節において、研究のまとめを行い、続く第2節において、本論において言及していなかった英語母語話者が用いると考えられる英語聴解ストラテジーについて紹介し、日本人英語学習者が同じストラテジーを用いることができるのかという問題も含め議論をしていきたい。

1.　本研究のまとめ

　本研究は、日本人学習者による英語リスニングにおける問題点を記述することを目的としたものであり、英語母語話者による聞き取りとの比較をもとにそれを明らかにしようと試みてきた。問題は様々な言語レベルで確認された。ボトムアップ処理に該当する音韻処理に関しては、音素、音節、句（連結発話）などの各音韻レベルにおいて問題が確認された。日英語間で音韻構造に何らかの異なりがあれば、それが原因となり常に英語の聞き取り（主に語認知）に影響を及ぼしていると言っても過言ではないかもしれない。また、トップダウン処理に関しては、語彙知識（語に対するなじみ度）、および意味・文法情報の活用能力の不足がリスニングに影響を及ぼしていることを確認した。

　本論において確認したボトムアップ処理における問題点は、第一に、/l-r/ の対立に始まる日本語にない音素の知覚、音節末位置における子音の知覚（/m/ 音、および、開放を伴わない（unreleased）/t/, /k/ 音の知覚）、句レベルにおけ

る /t/, /d/ 音の脱落現象への対応などであった。これらは、ある音素を正確に知覚(把握)することができないということ、すなわち語認知への手がかりを 1 つ失うという問題につながるものであった。その影響は、特に語構成音素数の少ない 1 音節語の認知に確認された。

　ボトムアップ処理におけるもう 1 つの問題点は、機能語の知覚であり、本調査におけるその知覚率は平均 49% 程度であった。内容語についても同じことが言えるが、発話において聞き取る（同定する）ことのできない語が多く存在するということは、語境界が曖昧になるということであり、連続する音声の中から各語を切り出す作業（lexical segmentation）における重大な問題となることを主張した。

　トップダウン処理に関しては、語彙知識の影響を確認し、語のなじみ度と語の認知度に強い正の相関関係があることを確認した。聴解過程において、語の認知により、はじめて意味のやり取りが発生することを考慮すれば、語の認知に直接的に影響を与えるものであるターゲット語に対するなじみ度の向上がリスニング学習において最も重要な要因となることを主張した。

　トップダウン処理における、意味・文法情報の活用に関しては、gating 手法を用いて調査を行い、英語母語話者が意味・文法情報を常に正確にモニターし、新たな語の認知とともに、それ以前の段階で発生した聞き間違いを直ちに修正できるのに対し、日本人学習者の場合には、意味・文法関係のモニター力の不足から（聞き取り結果としての）非文法的な文の産出を許してしまう傾向が強いことを指摘した。

　本論においては、リスニングの訓練法についても考察を行った。リスニング力向上のために、指摘した問題（要因）のうち、どの問題への対応がより重要となるかについて考えるとともに、各項目への対応（学習法）に関する試案の提示を行った。取り組みにおいては、デジタルデバイス（ITC デバイス）を取り入れ、より効率の良い学習を実現しようとした。CALL システム用い、学習者が視覚・聴覚からのフィードバックを得ながら、プロソディー、特に

機能語（弱形）に習熟することができるよう教材を準備した。また、e-learning
を用い、学習者が語彙の反復学習を行ったり、機能語の知覚に焦点を当てた
反復練習に取り組むことができるように教材を作成した。取り組みの結果に
ついては、CASEC テスト、機能語知覚テスト、受講生へのアンケートの 3 点
から検証を行い、概ね良好な結果を得た。

2.　英語母語話者が用いる英語聴解ストラテジーについて

　この節では、補足として、本論において言及していなかった英語母語話者
が用いると考えられる英語聴解ストラテジーについて紹介する。前節で言及
したように、音声テキストは、文字テキストと異なり「語と語」の間の境界が
明示されていないため、語境界を見出し、連続する音声の中から各語を切り
出すという作業が必要となる。そのためには「語頭」を見出す作業が重要とな
るが、この問題に関しては Anne Cutler が、一連の研究結果に基づき、英語
母語話者が韻律を活用した分節法（metrical segmentation strategy）を用いる
という仮説を提案している（Cutler, 2012）。英語は内容語と機能語より構成
されるが、Cutler & Carter（1987）の調査によれば、（発話の約半分を占める
ものである）内容語のうちの約 90% が、強音節（metrically strong syllables /
syllables containing a full vowel）で始まるという。すなわち、強勢が内容語
の語頭、語境界の目印と成り得る [1]。英語の韻律が SW・SWW（S = Strong
syllable, W = Weak syllable）の連続から構成されることを考えれば、S が内
容語の語頭で、後続するW部に、内容語の語末（多音節語の場合）もしくは、
機能語が来ることになる。このように言語処理システムが、強音節（strong
syllable）のあるところで、それを語頭とみなし内容語検索を始め、また同時
にその（前）後の位置に機能語の生起を予測しながら入力音声を処理していく

---

1) Cutler が定義する強音節（strong syllable）の定義は、ピッチアクセントの存在を考
　慮せず、完全母音（full vowel）を含んだ音節かどうかというものとなる（cf. Field,
　2008, p.198）。第 6 章注 3 で述べたが、Grosjean & Gee（1987）も同様の立場をとる。

としたら、効率的な処理につながると考えられる。

　Metrical segmentation strategy 以外に英語母語話者が用いていると報告
されている方略に、音結合に関わる知識（phoneme sequence constraints /
phonotactic constraints）の活用がある（Cutler, 2012）。例えば、英語では、
[ŋ], [pt], [pf], [nl] は、語末に生起するが、語頭には生起しない（すなわち
[ŋ], [pt], [pf], [nl] で始まる単語は存在しない）という事実や、[h], [pr] で始
まる語はあるが、[h], [pr] で終わる語はない、また、[ml], [mr], [pf], [zw]
という連鎖が音節内に生ずることはない、といった事実があるが、これら
の音結合に関する知識が、語境界を見出す際に利用されていることが報告
されている（cf. McQueen, 1998）。

　また、このほかに、Cutler (2012)は英語母語話者による lexical segmentation
に関して、Possible Word Constraint という制約が存在することも報告して
いる。英語においては、子音 1 音からなる語は存在しないが、このこと（そ
の知識）が lexical segmentation に影響を与えているという。例えば、"word-
spotting"という、提示刺激（非実在語）中に埋め込まれた「語（実語）」を見出
すという調査を行った場合、fegg のような egg を切り出した後に 1 子音
だけが残るケース（すなわち、語としてはあり得ない形態が残るケース）で
は、maffegg のような egg を切り出した後に語が残る場合に比べ、egg の知
覚がより困難となる（反応により時間がかかる）ということを報告し、lexical
segmentation がこのような知識によっても導かれているということを報告し
ている（cf. Norris et al., 1997）。

　上記は、主に内容語の認知に関係したものであるが、英語母語話者が用
いる機能語の知覚方略に関する研究として、Herron & Bates（1997）がある。
Herron & Bates は、"cued shadowing task"という、センテンス内にある ター
ゲット語を調査参加者に繰り返させる（音声再生させる）実験手法を用い、英
語話者が機能語を知覚する際にどのような情報を活用しているかを調べてい
る。調査のなかで、ターゲット語に先行する文脈（context）を音声で提示し

た場合と、文字で提示した場合（これは韻律情報の削除を意味する）の比較を
行い、機能語の知覚には、音声情報（＝ bottom-up information）とともに、（先
行文脈に含まれる）意味・文法に関わる情報が活用されていること、また特
に、韻律に関わる文脈情報（prosodic contextual information）が重要であるこ
とを報告している。（先行・後続文脈における意味・文法情報の影響につい
ては、第 5 章（5）の delayed recognition の例からも確認できる。また、機能
語知覚に対する韻律情報（prosody）の活用に関しては、第 6 章で紹介したよ
うに Grosjean & Gee（1987）や Cutler（2012, p.108）にも言及がある。）

　これらの英語母語話者が用いると報告される英語聴解ストラテジーは、本
文中では言及されていないものであった。ここで、これらのストラテジーの
使用が日本人英語学習者に可能かといった問題についても考察してみたい。

　まず、これらの英語聴解ストラテジーは、母語話者よって用いられるスト
ラテジーであり、母語話者並みのレベルにある英語使用者が用いた場合に効
率的に機能するストラテジーであると考えらえる。一般の日本人英語学習者
がこれらのストラテジーを使用するためには、克服すべき課題が多いと思わ
れる [2]。

　はじめに、metrical segmentation strategy に関しては、このストラテジー
の使用が、基本的に、完全母音（full vowel）を含む強音節（strong syllable）の
正確な知覚に基づくものであることに注意しなければならない。これに対し、
第 2 章、および第 4 章調査 2 で確認したように、日本語話者は日本語にない
英語音素の知覚に問題を持ち、英語圏に 1 年間留学した学生でも英語母音の

2）一方で、外国語学習者が目標言語の使用者（母語話者）と全く同じスキルとストラテ
　ジーを獲得する必要があるのかという問題も存在するように思われる。この問題に
　関しては、幼少期等に英語圏に滞在したことがなく、かつ母語話者に近い英語聴解
　能力を持つ日本人学習者が、どの程度の、また、どのようなスキルとストラテジー
　を有しているかを調査することにより解答が得られるかもしれない。調査結果に
　よっては、英語聴解学習に対する日本人学習者独自の目標設定が可能となるかもし
　れない。

知覚に問題を抱える状況となっている。また、第 3 章で引用した Tajima & Erickson（2001）が "syllable count experiment" で示しているように、（強音節の知覚に失敗しているのか、弱音節の知覚に失敗しているのかは判断できないが）日本人学習者は英語の音節を十分に知覚できていない面がある。これらの問題を解決しない限り、英語話者と同等の分節ストラテジーの使用は容易ではないと思われる。

　次に、音素配列規則に関わる知識の利用に関しては、日本語の音節構造が CV を基本としたシンプルなものであるがために、例えば、子音結合（consonant clusters）に対する知覚処理が追い付かない可能性がある。本調査では子音結合の知覚については扱っていないが、この問題に関しては、Kashino et al.（1994），Kakehi et al.（1996），Dupoux et al.（1999）などの研究があり、日本語話者が子音結合の知覚に問題を持つことが指摘されている。

　Herron & Bates（1997），Cutler（2012）が言及している、機能語知覚におけるリズム・韻律情報の活用に関しては、本論では日本人学習者による英語リズムの知覚、および機能語認知に対するリズム情報の活用についての調査は行っていないが、基本的に、第 4 章・第 5 章で示したように、日本人学習者の機能語弱形の認知率は著しく低く、リズム情報を活用できていない可能性が考えられる。また、機能語そのものの音声分析（聞き取り）、やリズムを担う単位である、強音節・弱音節の正確な知覚が、リズム情報活用以前の問題として存在しているようにも思われる。

　最後に、これらの英語聴解ストラテジーの使用が、「広範な語彙知識」に裏付けされたものである点も考慮しないといけない。「音素配列、語境界に関する知識」の活用に関しては、広範な語彙知識があり、それをもとに、どのような音結合パターンがあるかを知っていることが基本条件となる。また、ここに引用したストラテジーの使用は、「語認知」を目標にしたものであり、「語」がターゲットとなる。「語認知」に関してはターゲット語に対する高いなじみ度を有していることが必須の条件となるが、第 4 章で示したように、日

本国内で英語を学習している日本人学習者には、ターゲット語に対し十分な
なじみ度を有していないケースが確認される。

　このように、日本人英語学習者にとって、英語母語話者が使用するとされ
る英語聴解ストラテジーを習得、および使用することに対しては、多くの課
題があると考えられる。ただ、課題を抱える一方で、英語（外国語）音声の知
覚訓練に関して新たなアプローチが展開されているのも事実である。第 2 章
で言及したように、音素習得に関しては、山田他（1998），Thomson（2012）に
報告されるように、コンピューターを使用した効果的な訓練法が確立されて
きている。また、Al-jasser（2008）は、アラビア語話者に、文中での語の分節
（lexical segmentation）能力を向上するために、英語音素配列（phonotactics）
を教えるという実践を行い、効果があったことを報告している。Cutler &
Shanley（2010）も、目標言語における音素配列・語境界パターンの学習に対
し、"word-spotting" を用いた訓練法について考察している。本論においては、
機能語知覚に関し、機能語の音実質の把握が重要であるとみなし、発音練習
や部分ディクテーションによる対応（訓練）を提案した。今後、ICT などを活
用した、新たな訓練法の開発により、日本人英語学習者がより効率的に課題
を克服できるようになる可能性があることも指摘しておきたい。

付　録

付録 A　母音知覚テスト 解答用紙

(Session 1)

[Familiarity Check]　0-5 scale:　0 = unknown,　5 = very familiar

[heed,　hid,　hayed,　head,　had,　hod,　hud,　hide,　hawed,　hoed,　hood,　who'd]

[i:]　　[ɪ]　　[eɪ]　　　[ɛ]　　　[æ]　　[ɑ]　　[ʌ]　　[aɪ]　　[ɔ:]　　　[oʊ]　　　[ʊ]　　　[u:]

(　)　(　)　(　)　　(　)　　(　)　(　)　(　)　(　)　　(　)　　(　)　　(　)　　(　)

[TEST]

[heed,　hid,　hayed,　head,　had,　hod,　hud,　hide,　hawed,　hoed,　hood,　who'd]

[i:]　　[ɪ]　　[eɪ]　　　[ɛ]　　　[æ]　　[ɑ]　　[ʌ]　　[aɪ]　　[ɔ:]　　　[oʊ]　　　[ʊ]　　　[u:]

1. Please say (　　　) again.　　　7. Please say (　　　) again.

2. Please say (　　　) again.　　　8. Please say (　　　) again.

3. Please say (　　　) again.　　　9. Please say (　　　) again.

4. Please say (　　　) again.　　10. Please say (　　　) again.

5. Please say (　　　) again.　　11. Please say (　　　) again.

6. Please say (　　　) again.　　12. Please say (　　　) again.

(Session 2)

[Familiarity Check]　0-5 scale:　0 = unknown,　5 = very familiar

[bead,　bid,　bayed,　bed,　bad,　bod,　bud,　bide,　bawd,　bode,　b[ʊ]d,　booed]

[i:]　　[ɪ]　　[eɪ]　　　[ɛ]　　　[æ]　　[ɑ]　　[ʌ]　　[aɪ]　　[ɔ:]　　　[oʊ]　　　[ʊ]　　　[u:]

(　)　　(　)　(　)　　(　)　　(　)　(　)　(　)　(　)　　(　)　　(　)　　(　)　　(　)

[TEST]

[bead, bid, bayed, bed, bad, bod, bud, bide, bawd, bode, b[ʊ]d, booed]

[iː]　　[ɪ]　　[eɪ]　　[ɛ]　　[æ]　　[ɑ]　　[ʌ]　　[aɪ]　　[ɔː]　　[oʊ]　　[ʊ]　　[uː]

　　1. Please say (　　　　) again.　　　　7. Please say (　　　　) again.

　　2. Please say (　　　　) again.　　　　8. Please say (　　　　) again.

　　3. Please say (　　　　) again.　　　　9. Please say (　　　　) again.

　　4. Please say (　　　　) again.　　　10. Please say (　　　　) again.

　　5. Please say (　　　　) again.　　　11. Please say (　　　　) again.

　　6. Please say (　　　　) again.　　　12. Please say (　　　　) again.

付録 B　Gating テスト 説明および解答用紙 (コーダ /m/ 知覚)

調査に関する説明

　英単語の聞き取りを行なってもらいます (本当にある単語ではありません。非実在語です)。以下にあるように、単語が短い単位に区切られ、少しずつ長くなりながら提示されます。各提示の後には、4.5 秒間のポーズが入ります。その間に「聞こえたと思った音」を (推測して) 解答欄に書いていって下さい。提示回は、9 回になります。各回ごとに聞こえたと思った音を書いていって下さい。これは、リスニングテストではありません。正しい答え、間違った答えといったものはありませんので、聞こえたと思った音をそのまま書いていって下さい。

Explanation:

Thank you so much for participating in this experiment.

You will listen to a pseudo-English word. The word has been electronically cut up into segments of increasing duration. An example is shown below. Please write down the sound/sounds you think you have heard after listening to each segment. You have a pause of 4.5 seconds in which you must make your answer. Please try to write what you have heard for each of the 9 segments of sound. Note, this is not a hearing test – there is no right or wrong answer. Just write letters which show the sounds you think you have identified.

Example

(1) N   (pause of 4.5 seconds)
(2) N   (pause of 4.5 seconds)
(3) NA   (pause of 4.5 seconds)
(4) NAT   (pause of 4.5 seconds)
(5) NAT   (pause of 4.5 seconds)
(6) NATK   (pause of 4.5 seconds)
(7) NATK   (pause of 4.5 seconds)
(8) NATKI   (pause of 4.5 seconds)
(9) NATKI   (pause of 4.5 seconds)

Your name（名前）：
Date of birth(生年月日)：

Practice

1. __ __ __ __ __.
2. __ __ __ __ __.
3. __ __ __ __ __.
4. __ __ __ __ __.
5. __ __ __ __ __.
6. __ __ __ __ __.
7. __ __ __ __ __.
8. __ __ __ __ __.
9. __ __ __ __ __.

Are you ready? You will now do this for a different word.

1. __ __ __ __ __.
2. __ __ __ __ __.
3. __ __ __ __ __.
4. __ __ __ __ __.
5. __ __ __ __ __.
6. __ __ __ __ __.
7. __ __ __ __ __.
8. __ __ __ __ __.
9. __ __ __ __ __.

付録C　調査1(Sound Reduction)で用いられた例文一覧

(a) No sound reduction

(1) I read an article about (freedom) for my essay.

(14) I read an article about (nature) for my essay.

(27) I read an article about (labour) for my essay.

(40) I read an article about (cancer) for my essay.

(b) Resonant syllabification

(2) I read an article about (poison) for my essay.

(15) I read an article about (cushions) for my essay.

(28) I read an article about (nations) for my essay.

(41) I read an article about (cotton) for my essay.

(c) Glottalization of word-final /t/

(3) I read an article about (climate) for my essay.

(16) I read an article about (eyesight) for my essay.

(29) I read an article about (benefit) for my essay.　(3)

(42) I read an article about (import) for my essay.

(d) Nasalization of prenasal vowels

(4) I read an article about (dentists) for my essay.

(17) I read an article about (painters) for my essay.

(30) I read an article about (inventors) for my essay.　(3)

(43) I read an article about (phantoms) for my essay.

(e) Deletion of word-initial /h/

(5) I read an article about (him) for my essay.

(18) I read an article about (her) for my essay.

(31) I read an article about (her) (achievement) for my essay.

(44) I read an article about (his) (life) for my essay.

(f) Deletion of word-final /d/

(6) I read an article about (kindness) for my essay.

(19) I read an article about (friendship) for my essay.

(32) I read an article about (diamond) for my essay.　(3)

(45) I read an article about (Holland) for my essay.

(g) Double application of sound change rules (within a word)

(7) I read an article about (treatment) for my essay.

(20) I read an article about (handbags) for my essay.

(33) I read an article about (grandparents) for my essay.

(46) I read an article about (mountains) for my essay.

(h) Fricative syllabification

(8) I read an article about (fatigue) for my essay.

(21) I read an article about (success) for my essay.

(34) I read an article about (suspense) for my essay.

(47) I read an article about mental (support) for my essay.

(i) Palatalization of /t, d, s, z/

(9) I read an article (about) (your) proposals for my essay.

(22) I read an article about a building (behind) (your) house for my essay.

(35) I read an article published (this) (year) for my essay.

(48) I read an article about the (plans) (you) laid out for my essay.

(j) Assimilation of [ð]

(10) I read an article (on) (that) topic for my essay.

(23) I read an article written (there) for my essay.

(36) I read an article (about) (that) incident for my essay.

(49) I read an article written (in) (that) place for my essay.

(k) Deletion of word-final /t/

(11) I read an article about (breakfast) for my essay.

(24) I read an article about (sentiment) for my essay.   (3)

(37) I read an article about (assessment) for my essay.   (3)

(50) I read an article about (talent) for my essay.

(l) Double application of sound change rules (between words)

(12) I read an article published (last) (year).

(25) I read an article, (and) (there) was a good opinion.

(38) I read an article, (and) (then) started writing my essay.

(51) I read an article about the attitude we (must) (show) for my essay.

(m) Vowel devoicing plus aspiration

(13) I read an article about (papayas) for my essay.   (3)

(26) I read an article about (potatoes) for my essay.   (3)

(39) I read an article about (potential) for my essay.   (3)

(52) I read an article about (percussion) for my essay.   (3)

付録 D　調査 1（Sound Reduction）全体結果

日本にいる学生（12名）						イギリスに留学中の学生（11名）					
規則	正解数	正解率	平均	なじみ度	平均	規則	正解数	正解率	平均	なじみ度	平均
No sound reduction						**No sound reduction**					
(1) (freedom)	7	58%		4.73		(1) (freedom)	10	91%		4.73	
(14) (nature)	12	100%		5		(14) (nature)	11	100%		4.73	
(27) (labour)	7	58%		3.45		(27) (labour)	10	91%		4.55	
(40) (cancer)	10	83%	75%	4.73	4.48	(40) (cancer)	10	91%	93%	4.73	4.69
Resonant syllabification						**Resonant syllabification**					
(2) (poison)	12	100%		4.55		(2) (poison)	11	100%		4.82	
(15) (cushions)	5	42%		2.18		(15) (cushions)	10	91%		3.82	
(28) (nations)	7	58%		4.73		(28) (nations)	11	100%		4.91	
(41) (cotton)	7	58%	65%	3.91	3.84	(41) (cotton)	11	100%	98%	4.55	4.53
Glottalization						**Glottalization**					
(3) (climate)	8	67%		4.27		(3) (climate)	11	100%		4.82	
(16) (eyesight)	7	58%		3		(16) (eyesight)	9	82%		3.82	
(29) (benefit)	12	100%		4.36		(29) (benefit)	11	100%		4.64	
(42) (import)	9	75%	75%	4.55	4.05	(42) (import)	11	100%	96%	4.82	4.53
Nasalization						**Nasalization**					
(4) (dentists)	9	75%		4.27		(4) (dentists)	10	91%		4.64	
(17) (painters)	10	83%		4.27		(17) (painters)	8	73%		4.18	
(30) (inventors)	7	58%		3.73		(30) (inventors)	10	91%		4	
(43) (phantoms)	6	50%	67%	2.18	3.61	(43) (phantoms)	9	82%	84%	3.27	4.02
Deletion of /h/						**Deletion of /h/**					
(5) (him)	0	0%		5		(5) (him)	0	0%		5	
(18) (her)	1	8%		5		(18) (her)	1	9%		5	
(31) (her) (------------)	0	0		5		(31) (her) (------------)	1	9%		5	
(44) (his) (------------)	5	42%	13%	5	5.00	(44) (his) (------------)	7	64%	21%	5	5.00
Deletion of /d/						**Deletion of /d/**					
(6) (kindness)	11	92%		4.91		(6) (kindness)	11	100%		4.91	
(19) (friendship)	8	67%		4.91		(19) (friendship)	10	91%		4.82	
(32) (diamond)	4	33%		4.09		(32) (diamond)	8	73%		4.45	
(45) (Holland)	1	8%	50%	2.36	4.07	(45) (Holland)	11	100%	91%	4.46	4.66
Double application (a)						**Double application (a)**					
(7) (treatment)	5	42%		4.55		(7) (treatment)	11	100%		4.82	
(20) (handbags)	0	0%		4.64		(20) (handbags)	1	9%		4.45	
(33) (grandparents)	10	83%		4.73		(33) (grandparents)	10	91%		5	
(46) (mountains)	10	83%	52%	4.91	4.71	(46) (mountains)	9	82%	71%	4.82	4.77
Fricative syllabification						**Fricative syllabification**					
(8) (fatigue)	1	8%		2.73		(8) (fatigue)	7	64%		3.27	
(21) (success)	11	92%		4.91		(21) (success)	11	100%		4.82	
(34) (suspense)	3	25%		3.09		(34) (suspense)	3	27%		3.36	
(47) (support)	3	25%	38%	4.64	3.84	(47) (support)	2	18%	52%	4.91	4.09
Palatalization						**Palatalization**					
(9) (about) (your)	0	0%		(5) 5		(9) (about) (your)	0	0%		(5) 5	
(22) (behind) (your)	10	83%		(4.91) 5		(22) (behind) (your)	10	91%		(4.73) 5	
(35) (this) (year)	3	25%		(5) 5		(35) (this) (year)	8	73%		(5) 5	
(48) (plans) (you)	0	0%	27%	(4.82) 5	5.00	(48) (plans) (you)	1	9%	43%	(5) 5	5.00
Assimilation of [ð]						**Assimilation of [ð]**					
(10) (-----) (that)	1	8%		5		(10) (-----) (that)	1	9%		5	
(23) (there)	0	0%		5		(23) (there)	2	18%		5	
(36) (------) (that)	1	8%		5		(36) (------) (that)	3	27%		5	
(49) (------) (that)	1	8%	6%	5	5.00	(49) (------) (that)	6	55%	27%	5	5.00
Deletion of /t/						**Deletion of /t/**					
(11) (breakfast)	12	100%		5		(11) (breakfast)	11	100%		5	
(24) (sentiment)	0	0%		1.73		(24) (sentiment)	1	9%		2.82	
(37) (assessment)	2	17%		2.73		(37) (assessment)	10	91%		4.64	
(50) (talent)	10	83%	50%	4.36	3.46	(50) (talent)	10	91%	73%	4.64	4.28

Double application (b)							Double application (b)						
(12) (last) (year)	8	67%		(5)	5		(12) (last) (year)	10	91%		(5)	5	
(25) (and) (there)	0	0%		(5)	5		(25) (and) (there)	1	9%		(5)	5	
(38) (and) (then)	0	0%		(5)	5		(38) (and) (then)	2	18%		(5)	5	
(51) (must) (show)	6	50%	29%	(5)	5	5.00	(51) (must) (show)	6	55%	43%	(5)	5	5.00
V-devoicing plus asp.							**V-devoicing plus asp.**						
(13) (papayas)	3	25%			1.36		(13) (papayas)	4	36%			2.45	
(26) (potatoes)	10	83%			5		(26) (potatoes)	11	100%			5	
(39) (potential)	9	75%			4		(39) (potential)	11	100%			4.45	
(52) (percussion)	1	8%	48%		1.64	3.00	(52) (percussion)	6	55%	73%		2.82	3.68

付録 E　調査 2（Sound Reduction）で用いられた例文一覧

(a-1) No sound reduction (2-syll.)

(9) I read an article about (freedom) for my essay.

(11) I read an article about (movies) for my essay.

(29) I read an article about (nature) for my essay.

(39) I read an article about (labour) for my essay.

(49) I read an article about (cancer) for my essay.

(59) I read an article about (cooking) for my essay.

(a-2) No sound reduction (1-syll.)

(2) I read an article about (space) for my essay.

(12) I read an article about (peace) for my essay.

(22) I read an article about (noise) for my essay.

(32) I read an article about (tea) for my essay.

(42) I read an article about (fear) for my essay.

(52) I read an article about (life) for my essay.

(b-1) Glottalization of word-final /t/ (2-syll.)

(1) I read an article about (climate) for my essay.

(21) I read an article about (eyesight) for my essay.

(41) I read an article about (benefit) for my essay.　(3)

(51) I read an article about (import) for my essay.

(b-2) Glottalization of word-final /t/ (1-syll.)

(8) I read an article about (art) for my essay.

(18) I read an article about (hate) for my essay.

(28) I read an article about (fat) for my essay.

(38) I read an article about (fruit) for my essay.

(48) I read an article about (sweat) for my essay.

(58) I read an article about (wheat) for my essay.

(c-1) Deletion of word-final /d/ (2-syll.)

(7) I read an article about (kindness) for my essay.

(17) I read an article about (friendship) for my essay.

(27) I read an article about (diamond) for my essay.　(3)

(47) I read an article about (Holland) for my essay.

(c-2) Deletion of word-final /d/ (1-syll.)

(4) I read an article about (sound) for my essay.

(14) I read an article about (wind) for my essay.

(24) I read an article about (mind) for my essay.

(34) I read an article about (sand) for my essay.

(44) I read an article about (land) for my essay.

(54) I ~~read an article about the (fund) for my ess~~ay.

(d-1) Deletion of word-final /t/ (2-syll.)

(5) I read an article about (breakfast) for my essay.

(15) I read an article about (sentiment) for my essay.　(3)

(35) I read an article about (assessment) for my essay.　(3)

(55) I read an article about (talent) for my essay.

(d-2) Deletion of word-final /t/ (1-syll.)

(10) I read an article about (taste) for my essay.

(20) I read an article about (waste) for my essay.

(30) I read an article about (yeast) for my essay.

(40) I read an article about (cost) for my essay.

(50) I read an article about (dust) for my essay.

(60) I read an article about (frost) for my essay.

(e) Function Words (1-syll.)

(e-1) Deletion of /h/

(3) I read an article about (him) for my essay.

(13) I read an article about (her) for my essay.

(31) I read an article about (her) (achievement) for my essay.

(45) I read an article about (his) (life) for my essay.

(e-2) Palatalization

(26) I read an article (about) (your) proposals for my essay.

(33) I read an article about a building (behind) (your) house for my essay.

(43) I read an article about the (plans) (you) laid out for my essay.

(57) I read an article published (this) (year) for my essay.

(e-3) [ð]-assimilation

(19) I read an article (on) (that) topic for my essay.

(25) I read an article written (there) for my essay.

(37) I read an article (about) (that) incident for my essay.

(53) I read an article written (in) (that) place for my essay.

(f) Minimal pairs (1-syll.)

(6) I read an article about (**l**ight) for my essay.

(16) I read an article about (you**th**) for my essay.

(23) I read an article about (g**r**ass) for my essay.

(36) I read an article about a (**v**ase) for my essay.

(46) I read an article about a (c**l**imb) for my essay.

(56) I read an article about the (mou**th**) for my essay.

付録 F　調査 2（Sound Reduction）全体結果

イギリスに留学中の学生（11名）

Rule	Correct answer			Familiarity		Rule	Correct answer			Familiarity	
No sound reduction (2)						**No sound reduction (1)**					
(9) (freedom)	11	100%		4.55		(2) (space)	11	100%		4.55	
(29) (nature)	11	100%		4.64		(12) (peace)	11	100%		4.64	
(39) (labour)	10	91%		4.36		(22) (noise)	11	100%		4.73	
(49) (cancer)	11	100%		4.36		(32) (tea)	10	91%		5.00	
(11) (movies)	11	100%		4.91		(42) (fear)	8	73%		4.27	
(59) (cooking)	11	100%	98%	4.91	4.62	(52) (life)	11	100%	94%	4.91	4.68
Glottalization (2-syll.)						**Glottalization (1-syll.)**					
(1) (climate)	11	100%		4.36		(8) (art)	10	91%		4.73	
(21) (eyesight)	8	73%		3.09		(18) (hate)	7	64%		4.45	
(41) (benefit)	11	100%		4.45		(28) (fat)	10	91%		4.55	
(51) (import)	11	100%	93%	4.27	4.05	(38) (fruit)	10	91%		5.00	
						(48) (sweat)	11	100%		4.36	
						(58) (wheat)	5	45%	80%	3.55	4.44
Deletion of /t/ (2-syll.)						**Deletion of /t/ (1-syll.)**					
(5) (breakfast)	11	100%		5.00		(10) (taste)	8	73%		4.73	
(15) (sentiment)	10	91%		2.82		(20) (waste)	5	45%		4.18	
(35) (assessment)	11	100%		4.27		(40) (cost)	5	45%		4.64	
(55) (talent)	9	82%	93%	4.00	4.02	(50) (dust)	11	100%		4.27	
						(60) (frost)	6	55%	64%	3.64	4.29
						(30) (yeast) (*excluded)	*(1)	*(9%)	*(55%)	*(2.00)	*(3.91)
Deletion of /d/ (2-syll.)						**Deletion of /d/ (1-syll.)**					
(7) (kindness)	11	100%		4.36		(4) (sound)	8	73%		4.91	
(17) (friendship)	10	91%		4.55		(14) (wind)	8	73%		4.73	
(27) (diamond)	10	91%		4.27		(24) (mind)	9	82%		4.73	
(47) (Holland)	9	82%	91%	4.09	4.32	(34) (sand)	9	82%		4.36	
						(44) (land)	7	64%	75%	4.64	4.67
						(54) (fund) (*excluded)	***	***		***	
Minimal pairs (1-syll.)						**(counter-parts)**					
(6) (light)	5	45%		4.73		(right)				4.64	
(16) (youth)	9	82%		4.00		(use)				4.82	
(23) (grass)	9	82%		4.45		(glass)				4.73	
(36) (vase)	5	45%		3.55		(base)				4.09	
(46) (climb)	1	9%		4.36		(crime)				4.18	
(56) (mouth)	8	73%	56%	4.82	4.32	(mouse)				4.64	4.52
Palatalization											
(26) (about)(your)	5	45%		(5)	5						
(33) (behind) (your)	10	91%		(4.73)	5						
(43) (plans)(you)	5	45%		(4.64)	5						
(57) (this) (year)	9	82%	66%	(5)	5	5.00					
Assimilation of [ð]											
(19) (-----) (that)	4	36%		5.00							
(25) (there)	2	18%		5.00							
(37) (-----) (that)	5	45%		5.00							
(53) (-----) (that)	7	64%	41%	5.00	5.00						
Deletion of /h/											
(3) (him)	1	9%		5.00							
(13) (her)	0	0%		5.00							
(31) (her) (-----------)	0	0%		5.00							
(45) (his) (-----------)	8	73%	20%	5.00	5.00						

付録G　Gating調査(英語短文) 英語話者に関する結果

（語単位で編集・提示）　左端の列にある数字がゲートの番号を示す。上段がターゲット語、2列目以降にある数字は、そのゲートでターゲット語（正答）を報告した人の数を示す。

(1)

		Jane	reported	her	ideas	about	the	project	in	the	lecture
1	Jane	7									
2	reported	1	8								
3	her			3							
4	ideas			7	10						
5	about					10					
6	the						10				
7	project							10			
8	in								2	3	
9	the								1	7	
10	lecture								4		1
	sum	8	8	10	10	10	10	10	7	10	1

(2)

		Jane	booked	a	flight	for	her	business	trip
1	Jane	8							
2	booked	2	10						
3	a			10					
4	flight				10				
5	for					10			
6	her						10		
7	buisiness							10	
8	trip								10
	sum	10	10	10	10	10	10	10	10

(3)

		You	should	remind	yourself	about	your	schedule
1	You	10						
2	should		10					
3	remind			10				
4	yourself				10			
5	about					10	5	
6	your						5	
7	schedule							10
	sum	10	10	10	10	10	10	10

(4)

		Jane	knocked	on	the	front	door	but	nobody	answered
1	Jane	10								
2	knocked		10							
3	on			10						
4	the				10					
5	front					9				
6	door					1	10			
7	but							10		
8	nobody								10	
9	answered									10
	sum	10	10	10	10	10	10	10	10	10

158

(5)

		Jane	urged	her	pupils	to	go	and	watch	the	movie
1	Jane	10									
2	urged		6								
3	her		2	7							
4	pupils		2	2	10						
5	to					10					
6	go						10				
7	and							5			
8	watch							4	10		
9	the							1		10	
10	movie										10
	sum	10	10	9	10	10	10	10	10	10	10

（100 msec 単位で編集・提示）

(1)

			Have	you	been	there	before
1		(100)	6				
2	Have	(144)	4	10			
3	you	(246)					
4					10		
5	been	(439)				9	
6	there	(597)				1	
7							5
8							2
9							3
10	before	(1193)					
	sum		10	10	10	10	10

(2)

			Jane	asked	her	friend	to	buy	her	a	drink
1		(100)	7								
2			1								
3	Jane	(220)	2								
4				9							
5				1							
6	asked	(531)			10						
7	(h)er	(618)				3					
8						5					
9						2					
10											
11	frien(d)	(1011)					10				
12	to	(1148)						10			
13	buy	(1300)							1		
14	(h)er	(1384)							9	4	
15										6	
16	a	(1537)									2
17											1
18											6
19	drink	(2015)									1
	sum		10	10	10	10	10	10	10	10	10

(3)	Will	you	be	here	tomorrow
1 (100)					
2 Will (135)	9	6			
3 You (210)		4	9		
4 be (388)	1		1		
5				10	
6 here (535)					
7					8
8					1
9					1
10 tomorrow (1099)					
sum	10	10	10	10	10

(4)	Jane	baked	a	cake	to	serve	at	the	meeting
1 (100)	4								
2	5								
3	1								
4 Jane (309)		2							
5		4							
6 baked (529)		3	8						
7 a (660)		1	2	4					
8				4					
9				2					
10 cake (947)					10				
11 to (1007)									
12						7			
13 serve (1261)						3	5		
14 at (1396)							2	4	
15 the (1462)							1	5	
16							1	1	
17									3
18									5
19									2
20 meeting (2070)									
sum	10	10	10	10	10	10	9	10	10

160

付録H　Gating調査(英語短文) 日本語話者に関する結果

（語単位で編集・提示）　左端の列にある数字がゲートの番号を示す。上段がターゲット語、2列目以降にある数字は、そのゲートでターゲット語(正答)を報告した人の数を示す。

(1)

	Jane	reported	her	ideas	about	the	project	in	the	lecture
1 Jane	8									
2 reported		3								
3 her										
4 ideas				9						
5 about				1	10					
6 the			1				5			
7 project							2	10		
8 in								1		
9 the								1	5	
10 lecture								1	1	10
sum	8	3	1	10	10	7	10	3	6	10

(2)

	Jane	booked	a	flight	for	her	business	trip
1 Jane	10							
2 booked		6						
3 a		4						
4 flight			1	9				
5 for			1		9			
6 her				1		8		
7 buisiness					1	2	10	
8 trip								10
sum	10	10	2	10	10	10	10	10

(3)

	You	should	remind	yourself	about	your	schedule
1 You	9						
2 should	1	10					
3 remind			10				
4 yourself				10			
5 about					10	3	
6 your						5	
7 schedule						1	10
sum	10	10	10	10	10	9	10

(4)

	Jane	knocked	on	the	front	door	but	nobody	answered
1 Jane	10								
2 knocked		3							
3 on		4	7						
4 the		1	3	7					
5 front				3	6				
6 door					3	10			
7 but							8		
8 nobody							2	10	
9 answered		1							9
sum	10	9	10	10	9	10	10	10	9

161

(5)	Jane	urged	her	pupils	to	go	and	watch	the	movie
1 Jane	8									
2 urged	2	1								
3 her										
4 pupils		1	1	6						
5 to				3	9					
6 go					1	10				
7 and							5			
8 watch							2	10		
9 the		1							9	
10 movie										10
sum	10	3	1	9	10	10	7	10	9	10

（100 msec 単位で編集・提示）

(1)		Have	you	been	there	before
1	(100)	1				
2 Have	(144)	9	10			
3 you	(246)			2		
4				8		
5 been	(439)				1	
6 there	(597)				5	
7					1	4
8					2	1
9					1	5
10 before	(1193)					
sum		10	10	10	10	10

(2)		Jane	asked	her	friend	to	buy	her	a	drink
1	(100)									
2		7								
3 Jane	(220)	3								
4										
5			1							
6 asked	(531)		7	2						
7 (h)er	(618)		2	1						
8				2	3					
9				1	6					
10 frien(d)	(1011)									
11 to	(1071)					1	4			
12						1	3			
13 buy	(1300)					1	3		1	
14 (h)er	(1384)							1	2	
15 a	(1463)				1			1	1	
16									2	
17										1
18										6
19 drink	(2015)									1
sum		10	10	7	10	6	6	2	6	8

162

(3)

		Will	you	be	here	tomorrow
1	(100)					
2	Will (135)	2	1			
3	You (210)	3	4	7		
4	be (388)	1	1	2		
5				1	10	
6	here (511)	1	1			
7						4
8						
9						5
10	tomorrow (1099)	1	1			1
	sum	8	8	10	10	10

(4)

		Jane	baked	a	cake	to	serve	at	the	meeting
1	(100)	1								
2		8								
3										
4	Jane (309)	1	1							
5			1							
6	baked (570)		2	2						
7	a (628)		1		1					
8			1	1	5					
9	cake (892)		1	2	1					
10						3				
11	to (1051)					1				
12							1			
13	serve (1300)					1	2			
14										
15	at (1456)							1		
16	the (1502)							1	3	1
17									1	
18										6
19								1	1	2
20	meeting (2070)									1
	sum	10	7	5	7	5	3	3	5	10

付録 I 「単語帳」の内容について

単語	意味	例文
1. representative		Mr. Smith is not available right now; he's in a meeting.
2. business		
3. conference		
4. leave		
5. order		
6. price		The price of beef is quite high in Japan.
7. product		The company sells computer products.

付録 J 「機能語発音演習用テキスト」の内容例

第 11 回 — その他（冠詞、**to** 不定詞、**be** 動詞）—（1）

1. 機能語と内容語

1.1 <u>内容語</u>： 動詞、名詞、形容詞、副詞（通常アクセントを<u>持つ</u>）

1.2 <u>機能語</u>： （通常アクセントを<u>持たない</u>）

    （1）on, in , at, with, to, by, until　　　（前置詞）

    （2）a, the　　　（冠詞）

    （3）I, my, me, you, he, she, it　　　（代名詞）

    （4）can, could, will, would, should　　　（助動詞）

    （5）when, and, or　　　（接続詞）

2. 機能語の発音について：機能語は、「対比・強調」した時以外は、通常アクセントを持たず、**<u>弱く・短く・フラット</u>**に（**弱母音・あいまい母音**を伴い）発音される。

2.1 冠詞：　　　　a, the　　　　(**a** / a,　**the** / the)　　　　(**強形** / 弱形)

　　to- 不定詞：　to　　　　(**to** / to)

　　be 動詞：　　is, am, are, were, was

　　　　　　　　　　(**is** / is,　**am** / am,　**are** / are, **were** / were, **was** / was)

2.2 練習

　　・I **wen(t)** to the **lib**rary to **bor**row **books** for my **son**.

　　　　　　　　　　　　　　　(*for my **son***: 声帯確認)

　　・**Ja(ck) came** to Japan when (h)e was **sixteen**.

　　　　　　　　　　　　　　　(*when he was*: 声帯確認)

参考文献

榎本暁 (2000). 「英語の connected speech の聞き取りについて」『中部地区英語教育学会紀要』*30*, 357-364.

榎本暁 (2002). 「日本人英語学習者によるアメリカ英語母音の知覚について」『全国英語教育学会紀要』*13*, 31-40.

榎本暁 (2016). 「日本人英語学習者による英語聴解とその問題点に関する考察：語彙知識とボトムアップスキルの重要性について」『名城大学人文紀要』*52*(1), 1-26.

榎本暁 (2018). 「ICT を活用した英語リスニング授業に関する報告」『全国英語教育学会紀要』*29*, 273-288.

榎本暁・赤塚麻里 (2017). 「プロソディーに焦点をあてた英語発音演習に関する考察」『英語音声学』*21*, 409-421.

榎本暁・Gregory Minehane・伊藤紀子 (2019). 「英語機能語知覚演習に関する報告」『英語音声学』*24*, 61-73.

榎本暁・Gregory Minehane・赤塚麻里 (2021). 「日本語話者による音節末位置における /m/ 音の知覚について：Gating 手法による調査」『名城大学人文紀要』*56*(3), 25-40.

門田修平 (編) (2003).『英語のメンタルレキシコン：語彙の獲得・処理・学習』東京：松柏社

川越いつえ (1999). 『英語の音声を科学する』東京：大修館書店

窪薗晴夫 (1998). 『音声学・音韻論』東京：くろしお出版

窪薗晴夫・本間猛 (2002). 『音節とモーラ』東京：研究社

斉田晴仁 (2016). 『歌う医師があなたの声をデザインする―声の科学』東京：音楽之友社

竹林滋・斎藤弘子 (2008). 『英語音声学入門』東京：大修館書店.

中島和郎 (2011). 「理学部 ESP 語彙表の試作―学術コーパスによる分野別専門語彙・共通準専門語彙の特定―」『言語・文化・社会』*9*, 47-66.

山田恒夫・足立隆弘・ATR 人間情報通信研究所 (1998). 『英語リスニングの科学的上達法』東京：講談社

Al-jasser, F. (2008). The effect of teaching English phonotactics on the lexical segmentation of English as a foreign language. *System*, *36*, 94-106.

Bard, E.G., Shillcock, R.C., & Altmann G.T. (1988). The recognition of words after their acoustic offsets in spontaneous speech: Effects of subsequent context. *Perception and Psychophysics*, *44*, 395-408.

Best, C.T., & Strange, W. (1992). Effects of language-specific phonological and phonetic factors on cross-language perception of approximants. *Journal of Phonetics, 20*, 305–330.

Bonk, W.J. (2000). Second language lexical knowledge and listening comprehension. *International Journal of Listening, 14*, 1–31.

Brown, C. (2000). The interrelation between speech perception and phonological acquisition from infant to adult. In J. Archibald (Ed.), *Second language acquisition and linguistic theory* (pp.4–63). Oxford: Blackwell Publishers.

Brown, G. (1990). *Listening to spoken English* (2nd ed.). Harlow: Longman.

Buck, G. (2001). *Assessing listening*. Cambridge: Cambridge University Press.

Catford, J.C. (1977). *Fundamental problems in phonetics*. Edinburgh: Edinburgh University Press.

Cho, T. & McQueen, J.M. (2004) Phonotactic vs. phonetic cues in native and non-native listening: Dutch and Korean listeners' perception of Dutch and English, *Proceedings of the 2004 International Conference on Spoken Language Processing*, 1301–1304.

Conrad, L. (1985). Semantic versus syntactic cues in listening comprehension. *Studies in Second Language Acquisition, 7*, 59–72.

Cooper, W.F., & Paccia-Cooper, J. (1980). *Syntax and speech*. Cambridge, MA: Harvard University Press.

Crystal, D. (2002). *A dictionary of linguistics and phonetics* (4th ed.). Oxford: Blackwell Publishers.

Cutler, A. (2012). *Native listening*. Cambridge, MA: MIT Press.

Cutler, A., & Butterfield, S. (1992). Rhythmic cues to speech segmentation: Evidence from juncture misperception. *Journal of Memory and Language, 31*, 218–236.

Cutler, A., & Carter. D. (1987). The predominance of strong initial syllables in the English vocabulary. *Computer Speech and Language, 2*, 133–142.

Cutler, A., Mehler, J., Norris, D.G., & Segui, J. (1986). The syllable's differing role in the segmentation of French and English. *Journal of Memory and Language, 25*, 385–400.

Cutler, A., & Norris, D.G. (1988). The role of strong syllables in segmentation for lexical access. *Journal of Experimental Psychology: Human Perception and Performance, 14*, 113–121.

Cutler, A., & Otake, T. (1994). Mora or phoneme? Further evidence for language-specific listening. *Journal of Memory and Language, 33*, 824–844.

Cutler, A., & Shanley, J. (2010). Validation of a training method for L2 continuous-speech segmentation. *Proceedings of the 11th Annual Conference of the*

International Speech Communication Association, 1844–1847.

Dauer, R.M. (1983). Stress-timing and syllable-timing reanalyzed. *Journal of Phonetics*, *11*, 51–62.

Davis, M. (2000). Lexical segmentation in spoken word recognition (Unpublished doctoral dissertation). Birkbeck College, University of London.

Dirven, R., & Oakeshott-Taylor, J. (1984). Listening comprehension. *Language Teaching*, *17*(4), 326–343.

Dorman, M.F., & Raphael, L.J. (1980). Distribution of acoustic cues for stop consonant place of articulation in VCV syllables. *Journal of the Acoustical Society of America*, *67*, 1333–1335.

Dorman, M.F., Studdert-Kennedy, M., & Raphael, L.J. (1977). Stop-consonant recognition: Release bursts and formant transitions as functionally equivalent, context-dependent cues. *Perception and Psychophysics*, *22*, 109–122.

Dupoux, E., Kakehi, K., Hirose, Y., Pallier, C., & Mehler, J. (1999). Epenthetic vowels in Japanese: A perceptual illusion? *Journal of Experimental Psychology: Human Perception and Performance*, *25*, 1568–1578.

Enomoto, A. (2003). The effect of sound reduction and lexical familiarity on spoken word recognition by Japanese learners of English. *Annual Review of English Language Education in Japan*, *14*, 111–120.

Enomoto, A. (2005). Perception of coda consonants by Japanese learners of English. *Journal of the Phonetic Society of Japan*, *9*(1), 73–84.

Enomoto, A. (2006). Perception of short English sentences by Japanese learners of English: A gating study. *Journal of Pan–Pacific Association of Applied Linguistics*, *10*(1), 55–72.

Field, J. (1998). Skills and strategies: Towards a new methodology for listening. *ELT Journal*, *52*(2), 110–118.

Field, J. (2003). Promoting perception: Lexical segmentation in L2 listening. *ELT Journal*, *57*(4). 325–334.

Field, J. (2004). An insight into listeners' problems: Too much bottom-up or too much top-down? *System*, *32*, 363–377.

Field, J. (2008). *Listening in the language classroom.* Cambridge University Press.

Flege, J.E., Takagi, N., & Mann, V. (1996). Lexical familiarity and English-language experience affect Japanese adults' perception of /r/ and /l/. *Journal of the Acoustical Society of America*, *99*(2), 1161–1173.

Flege, J.E., & Wang, C. (1989). Native-language phonotactic constraints affect how well Chinese subjects perceive the word-final English /t/-/d/ contrast. *Journal of Phonetics*, *17*, 299–315.

Fries, C.C. (1952). *The structure of English: An introduction to the construction of English sentences*. New York: Harcourt, Brace.

Goto, H. (1971). Auditory perception by normal Japanese adults of the sounds "L" and "R". *Neuropsychologia, 9*, 317–323.

Grosjean, F. (1980). Spoken word recognition processes and the gating paradigm. *Perception and Psychophysics, 28*, 267–283.

Grosjean, F. (1985). The recognition of words after their acoustic offset: Evidence and implications. *Perception and Psychophysics, 38*, 299–310.

Grosjean, F. (1996). Gating. *Language and Cognitive Processes, 11*, 597–604.

Grosjean, F., & Gee, J.P. (1987). Prosodic structure and spoken word recognition. *Cognition, 25*, 135–155.

Guion, S.G., Flege, J.E., Yamada, R.A., & Pruitt, J.C. (2000). An investigation of current models of second language speech perception: The case of Japanese adults' perception of English consonants. *Journal of the Acoustical Society of America, 107*(5), 2711–2724.

Gussenhoven, C. (1991). The English rhythm rule as an accent deletion rule. *Phonology, 8*, 1–35.

Hasegawa, N. (1979). Fast speech vs. casual speech. *CLS, 15*, 126–137.

Hayashi, M., & Kakehi, K. (1990). An experimental study on basic perceptual units of speech based on reaction time. Paper presented at the spring meeting of the Acoustical Society of Japan.

Henrichsen, L.E. (1984). Sandhi-variation: a filter of input for learners of EFL. *Language Learning, 34*, 103–126.

Herron, D.T., & Bates, E.A. (1997). Sentential and acoustic factors in the recognition of open- and closed-class words. *Journal of Memory and Language, 37*, 217–239.

Hughes, A., & Trudgill, P. (1987). *English accents and dialects: An introduction to social and regional varieties of British English* (2nd ed.). London: Edward Arnold Publishers.

Jusczyk, P.W. (1997). *The discovery of spoken language*. Cambridge, MA: MIT Press.

Jusczyk, P.W., Friederici, A.D., Wessels, J., Svenkerud, V.Y., & Jusczyk, A.M. (1993). Infants' sensitivity to the sound patterns of native language words. *Journal of Memory and Language, 32*, 402–420.

Kaisse, E. (1985). *Connected speech: The interaction of syntax and phonology*. San Diego: Academic Press.

Kakehi, K., Kato, K., & Kashino, M. (1996). Phoneme/syllable perception and the temporal structure of speech. In T. Otake and A. Cutler (Eds.), *Phonological structure and language processing: Cross-linguistic studies* (pp.125–143).

Berlin: Mouton de Gruyter.

Kashino, M., Wieringen, A. van, & Pols, L. (1994). Cross-language differences in the identification of intervocalic stop consonants by Japanese and Dutch listeners. *Proceedings of the 1994 International Conference on Spoken Language Processing*, 1079–1082.

Koster, C. (1987). *Word recognition in foreign and native language*. Dordrecht: Foris Publications.

Kubozono, H. (1995). Perceptual evidence for the mora in Japanese. In B. Connell and A. Arvaniti (Eds.), *Phonology and phonetic evidence: Papers in laboratory phonology IV* (pp.141–156). Cambridge: Cambridge University Press.

Kuhl, P.K., Conboy, B.T., Coffey-Corina, S., Padden, D., Rivera-Gaxiola, M., & Nelson, T. (2008). Phonetic learning as a pathway to language: New data and native language magnet theory expanded (NLM-e). *Philosophical Transactions of the Royal Society B, 363*, 979–1000.

Kuhl, P.K., Stevens, E., Hayashi, A., Deguchi, T., Kiritani, S., & Iverson, P. (2006). Infants show a facilitation effect for native language phonetic perception between 6 and 12 months. *Developmental Science, 9*, F13–F21.

Ladd, D.R. (1980). *The structure of intonational meaning*. Bloomington: Indiana University Press.

Ladefoged, P. (1993). *A course in phonetics* (3rd ed.). London: Harcourt Brace Javanovich.

Ladefoged, P. (2001). *Vowels and consonants: An introduction to the sounds of language*. Oxford: Blackwell Publishers.

Lively, S.E., Pisoni, D.B., & Goldinger, S.D. (1994). Spoken word recognition: Research and theory. In M.A. Gernsbacher (Ed.), *Handbook of psycholinguistics* (pp. 265–301). New York: Academic Press.

Makashay, M. (2001). Lexical effects in the perception of obstruent ordering. In E. Hume, N. Smith, and J. van de Weijer (Eds.), *Surface syllable structure and segment sequencing* (pp.117–134). Leiden: Holland Institute of Generative Linguistics.

Marslen-Wilson, W.D. (1987). Functional parallelism in spoken word recognition. *Cognition, 25*, 71–102.

Marslen-Wilson, W.D., & Tyler, L.K. (1980). The temporal structure of spoken language understanding. *Cognition, 6*, 1–71.

McQueen, J.M. (1998). Segmentation of continuous speech using phonotactics. *Journal of Memory and Language, 39*, 21–46.

Mehler, J., Dommergues, J.Y., Frauenfelder, U., & Segui, J. (1981). The syllable's role in speech segmentation. *Journal of Verbal Learning and Verbal Behavior, 20,* 298–305.

Miller, J.L., & Grosjean, F. (1997). Dialect effects in vowel perception: The role of temporal information in French. *Language and Speech, 40*(3), 277–288.

Miyawaki, K., Strange, W., Verbrugge, R.R., Liberman, A.M., Jenkins, J.J., & Fujimura, O. (1975). An effect of linguistic experience: The discrimination of [r] and [l] by native speakers of Japanese and English. *Perception and Psychophysics, 18,* 331–340.

Mochizuki, M. (1981). The identification of /r/ and /l/ in natural and synthesized speech. *Journal of Phonetics, 9,* 283–303.

Nation, I. S. P. (2006). How large a vocabulary is needed for reading and listening? *Canadian Modern Language Review, 63,* 59–82.

Norris, D., McQueen, J. M., Cutler, A., & Butterfield, S. (1997). The possible-word constraint in the segmentation of continuous speech. *Cognitive Psychology, 34,* 191–243.

Norris, R. W. (1995). Teaching reduced forms: Putting the horse before the cart. *English Teaching Forum, 33*(3), 47–53.

Oller, D. K. (1973). The effect of position in utterance on speech segment duration in English. *Journal of the Acoustical Society of America, 54,* 1235–1247.

O'Malley, J.M., Chamot, A.U., & Kümmel, L. (1989). Listening comprehension strategies in second language acquisition. *Applied Linguistics, 10,* 418–437.

Otake, T., Hatano, G., Cutler, A., & Mehler, J. (1993). Mora or syllable? Speech segmentation in Japanese. *Journal of Memory and Language, 32,* 358–378.

Otake, T., Hatano, G., & Yoneyama, K. (1996). Speech segmentation by Japanese listeners. In T. Otake and A. Cutler (Eds.), *Phonological structure and language processing: Cross-linguistic studies* (pp.183–202). Berlin: Mouton de Gruyter.

Roach, P. (2000). *English phonetics and phonology: A practical course* (3rd ed.). Cambridge: Cambridge University Press.

Roach, P (2001). *Phonetics.* Oxford: Oxford University Press.

Salasoo, A., & Pisoni, D.B. (1985). Interaction of knowledge sources in spoken word identification. *Journal of Memory and Language, 24,* 210–231.

Segui, J., Frauenfelder, U., & Mehler, J. (1981). Phoneme monitoring, syllable monitoring and lexical access. *British Journal of Psychology, 72,* 471–477.

Shibatani, M. (1990). *The languages of Japan.* Cambridge: Cambridge University Press.

Shockey, L. (1974). Phonetic and phonological properties of connected speech. *Ohio State University Working Papers in Linguistics, 17,* iv–143.

Shockey, L. (2003). *Sound patterns of spoken English*. Oxford: Blackwell Publishers.

Strange, W. (1995). Cross-language studies of speech perception: A historical review. In W. Strange (ed.), *Speech perception and linguistic experience: Issues in cross-language research* (pp.3–45). Baltimore: York Press.

Stæhr, L. S. (2009). Vocabulary knowledge and advanced listening comprehension in English as a foreign language. *Studies in Second Language Acquisition, 31*, 577–607.

Tajima, K., & Erickson, D. (2001). Syllable structure and the perception of second-language speech. In Spoken Language Working Group (Eds.), *Speech and grammar III* (pp. 221–239). Tokyo: Kuroshio Publishers.

Takagi, N. (1993). Perception of American English /r/ and /l/ by adult Japanese learners of English: A unified view (Unpublished doctoral dissertation). University of California-Irvine.

Tartter, V. C., Kat, D., Samuel, A. G., & Repp, B. H. (1983). Perception of intervocalic stop consonants: The contribution of closure duration and formant transitions. *Journal of the Acoustical Society of America, 74*, 715–725.

Tauroza, S. (1990). Do unfamiliar sounds cause problems with the word recognition in context? *New Sounds, 90*, 229–247.

Thomson, R. I. (2012). Improving L2 listeners' perception of English vowels: A computer-mediated approach. *Language Learning, 62*(4), 1231–1258.

Treiman, R. (1986). The division between onsets and rimes in English syllables. *Journal of Memory and Language, 25*, 476–491.

Tsuji, S., Mazuka, R., Cristia, A., & Fikkert, P. (2015). Even at 4 months, a labial is a good enough coronal, but not vice versa. *Cognition, 134*, 252–256.

Tsushima, T., Takizawa, O., Sasaki, M., Siraki, S., Nishi, K., Kohno, M., Menyuk, P., & Best, C. (1994). *Discrimination of English /r-l/ and /w-y/ by Japanese infants at 6–12 month: Language-specific developmental changes in speech perception abilities*. Paper presented at the 1994 International Conference on Spoken Language Processing, Yokohama, Japan.

Tyler, L. K., & Fraunfelder, U. H. (1987). The process of spoken word recognition: An introduction. In U. H. Fraunfelder and L. K. Tyler (Eds.), *Spoken word recognition* (pp. 1–20). MIT Press.

Tyler, L. K., & Marslen-Wilson, W. D. (1977). The on-line effects of semantic context on syntactic processing. *Journal of Verbal Learning and Verbal Behavior, 16*, 683–692.

Tyler, L. K., & Wessels, J. (1983). Quantifying contextual contributions to word recognition process. *Perception and Psychophysics, 34*, 409–420.

Underbakke, M., Polka, L., Gottfried, T. L., & Strange, W. (1988). Trading relations in the perception of /r/-/l/ by Japanese learners of English. *Journal of the Acoustical Society of America, 84,* 90–100.

Vance, T. J. (1987). *An introduction to Japanese phonology.* Albany, NY: State University of New York Press.

Werker, J. F., & Curtin, S. (2005). PRIMIR: A developmental model of speech processing. *Language Learning and Development, 1,* 197–234.

Wilson, M. (2003). Discovery listening: Improving perceptual processing. *ELT Journal, 57*(4), 335–343.

Yamada, R.A., & Tohkura, Y. (1990). Perception and production of syllable-initial English /r/ and /l/ by native speakers of Japanese. *Proceedings of the 1990 International Conference on Spoken Language Processing,* 757–760.

Yamada, R.A., & Tohkura, Y. (1992). The effects of experimental variables on the perception of American English /r/ and /l/ by Japanese listeners. *Perception and Psychophysics, 52,* 376–392.

Yamada, R.A., Tohkura, Y., & Kobayashi, N. (1997). Effect of word familiarity on non-native phoneme perception: Identification of English /r/, /l/, and /w/ by native speakers of Japanese. In A. James and J. Leather (Eds.), *Second-language speech: Structure and process* (pp.103–117). The Hague: Mouton.

あとがき

　本書は、筆者のこれまでの英語リスニングに関する研究をまとめたものである。この研究を始めたきっかけは、1999年度日本英語音声学会全国大会における故丹羽義信先生の発表を拝聴したことにあった。「知っている単語なのに、なぜ学習者がそれを聞き取ることができないのか」という問いに答える研究に大変興味を持った。先生には、その後、質問に答えて頂いたり、関係資料をお送り頂いたりして大変親切にして頂いた。

　リスニングを研究テーマとすることを決定付けたのは、その直後のイギリス留学であった。聞き取りが「さっぱり」できない状況に、丹羽先生の研究を参考にしながら、自分自身を研究対象として、聞き取りを妨げる要因を調べ上げようと思ったものだった。ちょうど指導教官の Linda Shockey 先生が音声知覚を専門とされていたこともあり、研究テーマを、英語リズムの研究から、リスニング研究に変更して挑むこととした。同時期に発刊されていた、『英語リスニング科学的上達法』にも大変刺激を受けた。この書は心理言語学的知見を中心に、英語音声の特徴、音声の聞き取りに関係する諸要因など、リスニングの実際が体系的にまとめられており、大変勉強になった。同書に関係する論文をレディング大学図書館(4F)で読んだ日々を懐かしく思い出す。

　はじめはリスニングを妨げる要因の記述に力を注いだのだが、問題点のみをテーマとするのも何だかネガティブに感じ、研究範囲を問題点の克服法の考案にまで広げてみた。原稿を読み返すと、何ともリスニングの一部分をかすめただけに思えてきてしまうが、至らぬ点については、ご批判、ご教示頂ければ幸いである。

　この場を借りて、これまでお世話になった方々にお礼を申し上げたいと思う。はじめに、これまでにご指導頂いた先生方、高橋幸雄先生、故堀内俊和先生、窪薗晴夫先生、松本青也先生、Linda Shockey 先生に厚くお礼を申し上げたい。

すべてが偶然の出来事であったが、各分野の第一線でご活躍される先生方に
ご指導頂くことができ、何と恵まれた学生生活を過ごしたのかと振り返って
思う。先生方には、勉強以外にも多岐にわたって親身になってお世話を頂い
た。自分は本当に恵まれた学生であった。愛知淑徳大学・神戸大学・レディ
ング大学大学院でご一緒させて頂いた学友諸兄にもお礼を述べたい。時々に
適切なアドバイス、激励を頂いたおかげで、これまで研究を続けられたと思う。
また、いつも快適な研究環境を提供して下さっている名城大学理工学部英語
教室の先生方にもお礼を申し上げたい。出版に際してお世話になった青山社
の飛山恭子さんにも感謝を申し上げたい。

　最後になるが、自分の両親にも感謝の気持ちを表しておきたい。両親には、
アノミー、アパシー、モラトリアム、転職2回にパラサイトシングルと、時
代の社会問題を全て体現したような青春を過ごし（最後の方は青春という域か
ら完全に逸脱していた）、大変な心配と迷惑をかけてしまった。せめてこの書
が、愚息も愚息なりにこだわりを持って生きてきたことの証となればと願う。
また、いつも研究に活気を与えてくれる自分の家族にも感謝の気持ちを伝え
たい。

2022 年 9 月

榎本　暁

■著者紹介

榎本　暁(えのもと　あきら)
　高知大学人文学部卒業、愛知淑徳大学大学院・神戸大学大学院文学研究科修
　士課程修了、レディング大学大学院言語科学科博士課程中退。現在、名城大
　学理工学部准教授。
＜主な論文＞
　「英語の句レベルにおけるリズム現象の一般化について」(1998,『音韻研究』
　1)、「愛知県知多方言における語アクセントの変化について」(2021,『名城大
　学人文紀要』127)

英語聴解考
　日本人英語学習者による語認知を中心として

2022 年 12 月 8 日　第 1 刷発行

著　者　榎本 暁
発行者　池田 勝徳
発行所　株式会社青山社
　　　　〒 252-0333　神奈川県相模原市南区東大沼 2-21-4
　　　　TEL　042-765-6460　FAX　042-701-8611
　　　　振替　00200-6-28265
　　　　http://www.seizansha.co.jp
印刷・製本　株式会社アルキャスト